juillet 2011

FRANÇOIS CHARTIER ET STÉPHANE MODAT

Les recettes
de Papilles et Molécules
Cuisine Aromatique et Créative du duo Mc²

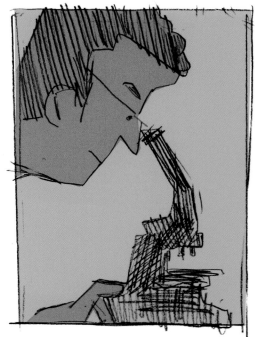

**Catalogage avant publication de Bibliothèque
et Archives nationales du Québec et Bibliothèque et Archives Canada**

Chartier, François
Les recettes de Papilles et molécules : cuisine aromatique et créative du duo Mc²
Comprend un index.
ISBN 978-2-923681-40-5

1. Cuisine. 2. Accord des vins et des mets. I. Modat, Stéphane. II. Titre.

TX714.C42 2010   641.5   C2010-941077-7

Directrice de l'édition
Martine Pelletier

Auteurs
François Chartier
Stéphane Modat

Assistance Recherche et développement
Carole Salicco

Révision : Nicole Henri

Conception et graphisme
www.cyclonedesign.ca

Photos
Stéphane Modat

Illustrations
Pierre Bouchard

Photos couverture 1 et introduction
Xavier Dachez

Dépôt légal
Bibliothèque et Archives nationales du Québec, 2010
Bibliothèque et Archives Canada, 2009
2e trimestre 2010
978-2-923681-40-5

Imprimé chez Transcontinental Interglobe, Beauce, Canada

**LES ÉDITIONS
LA PRESSE**

Président
André Provencher

7, rue Saint-Jacqaues
Montréal (Québec) H2Y 1K9
514 285-4428

L'éditeur bénéficie du soutien de la Société de développement des entreprises culturelles
du Québec (SODEC) pour son programme d'édition et pour ses activités de promotion

L'éditeur remercie le gouvernement du Québec de l'aide financière accordée
à l'édition de cet ouvrage par l'entremise du Programme de crédit d'impôt pour l'édition
de livres, administré par la SODEC.

L'éditeur reconnaît l'aide financière du gouvernement du Canada par l'entremise
du Programme d'aide financière de l'industrie de l'édition (PADIÉ) pour ses activités d'édition.

TABLE DES MATIÈRES

INTRODUCTION

PAR FRANÇOIS CHARTIER

LA CUISINE, LA SCIENCE, LE VIN ET L'AMITIÉ EN IMAGES…

LA MOLÉCULE ORIGINELLE

Dans le premier tome de *Papilles et Molécules*, publié en mai 2009, dans lequel je communique les premiers résultats de mes recherches scientifiques gourmandes d'harmonies et de sommellerie moléculaires, je donne aux lecteurs une multitude de pistes aromatiques pour cuisiner, ainsi que de nouveaux chemins aromatiques pour parvenir à l'harmonie entre les mets et les liquides.

À ma grande surprise, ces premiers résultats de fouilles harmoniques m'ont permis d'acquérir une connaissance plus riche et plus précise sur l'identité aromatique des aliments. J'ai ainsi fait des rapprochements parfois très surprenants entre certains ingrédients complémentaires, comme la noix de coco et le boudin noir (voir recette de *Morceau de flanc de porc poché, vinaigrette de boudin à la noix de coco, crumble de boudin noir*, à la page 221). Il en ressort donc de nouvelles possibilités d'harmonie d'aliments dans l'assiette, pour de nouveaux chemins de créativité, tant pour les cuisiniers en herbe que pour les cuisiniers et les chefs professionnels.

EN CUISINE CHEZ ELBULLI

Ma collaboration avec certains chefs comme Stéphane Modat, coauteur de ce livre, ainsi que Ferran Adrià, du mythique restaurant catalan elBulli, exprime très bien la pertinence de ces recherches qui se montrent d'une grande utilité pour les cuisiniers. Depuis 2008, j'ai eu le privilège de travailler à plusieurs reprises dans la cuisine et l'atelier du chef Ferran Adrià, tablier au corps, comme un cuisinier, afin de lui prodiguer de nouvelles possibilités de combinaisons entre certains aliments et ainsi parvenir à une plus juste et plus précise harmonie entre ces derniers dans l'assiette. Un travail de complicité, en cuisine, où la grande maîtrise des aliments et des techniques de cuisine de ce chef novateur lui permet, comme depuis toujours, de magnifier tout ce qui lui passe sous le nez! Des dizaines de recettes d'avant-garde des menus 2009/2010 d'elBulli sont ainsi marquées par les pistes aromatiques de *Papilles et Molécules*.

LA RECETTE DU POUVOIR D'ATTRACTION

Comme d'innombrables idées de recettes, des plus simples aux plus complexes, me viennent en tête chaque jour où j'effectue mes recherches sur la structure moléculaire des aliments, l'idée de détailler ces créations dans un livre s'est imposée d'elle-même une fois que le premier tome de *Papilles et Molécules* a débuté sa véritable vie, entre vos mains et vos casseroles...

Il aurait été trop facile de simplement coucher sur le papier mes idées de base, puis de vous les offrir dans un livre de recettes. La facilité ne fait pas partie de mon vocabulaire... Alors, pourquoi ne pas permettre à mes idées de se transformer pour vraiment prendre vie en échangeant avec un chef inspiré, me suis-je plutôt dit?

Ayant compris que, grâce à ce travail de recherches scientifiques, tout comme par mes échanges avec les chefs, les chercheurs et les œnologues, que nous gagnons tous à aller vers les autres – le pouvoir d'attraction des molécules oblige (!) –, afin de partager nos expériences plurielles, pour ainsi accoucher de nouvelles idées plus complexes et plus novatrices, ce livre ne pouvait donc se faire seul et sans essais et transformations en cuisine.

Tout amateur de plaisirs gastronomiques, désireux de profiter au maximum de la dimension olfactive des repas, trouvera dans ce livre de l'information issue de recherches en harmonies et sommellerie moléculaires et des recettes élaborées par le maître sommelier François Chartier, et mises en œuvre avec la complicité de Stéphane Modat, un des chefs contemporains les plus créatifs. Les compositions magnifiquement illustrées dans ce livre par Stéphane Modat, devenu aussi photographe de talent pour l'occasion, seront pour ceux qui les réaliseront autant de plaisirs gastronomiques destinés à raviver l'olfaction. Et puisqu'il s'agit de recettes thématiques élaborées autour de molécules aromatiques de la même famille, soigneusement sélectionnées, elles sont autant d'exercices grammaticaux pour tous ceux qui souhaitent apprendre ou réapprendre le langage aromatique des plaisirs olfactifs.
— Martin Loignon, docteur en biologie moléculaire

Mc², SANS LE E...

Par chance ou par signe du destin (?), un des chefs les plus doués de sa génération – avec qui je désirais ouvertement travailler depuis la première fois où j'ai mangé à sa table –, il y a plus de cinq ans, et avec qui j'ai développé une complicité et une amitié sincère, s'est montré très intéressé par cette nouvelle Matière (le M de E=Mc²). Le chef Stéphane Modat (encore le M!), ex-copropriétaire du défunt restaurant Utopie à Québec – table ayant marqué l'univers gastronomique québécois pendant ses cinq années d'activité – est devenu l'homme de la situation, ou plutôt le « M » du nouveau duo « Mc² » que nous formons depuis décembre 2009.

Il faut dire que les lecteurs du tome I de *Papilles et Molécules* ont eu la puce à l'oreille, le dernier chapitre de ce livre, intitulé *Expérience d'harmonies et de sommellerie moléculaires*, étant justement consacré à deux événements dégustation, conçus et présentés en 2008 avec Stéphane Modat. La complicité naissante qui s'est installée à chacun de ces événements dégustation m'avait confirmé que nous étions faits l'un pour l'autre... du moins en cuisine!

LA CRÉATIVITÉ, SIMPLEMENT...

À la fin de l'année 2009, dès l'instant où est née l'idée de ce livre de recettes inspirées par les pistes aromatiques publiées dans le tome I de *Papilles et Molécules*, nous nous sommes donné comme but de démontrer que « La simplicité n'empêche pas la grande créativité et la grande créativité n'empêche pas la simplicité ».

Le sirop d'érable demeure du sirop d'érable, que vous en fassiez un plat simple et classique, à la portée de tous, tout comme une recette de haute voltige qui requiert des techniques de cuisine d'avant-garde. Demeure, dans les deux cas de figure, son goût. Partant de là, les aliments complémentaires au sirop d'érable proposés dans *Papilles et Molécules* deviennent des pistes de créativité en cuisine pour tout un chacun. À vous d'y aller avec votre niveau de connaissance et de technique en cuisine. Le maître, c'est l'aliment principal qui trouve écho dans ses aliments complémentaires, portant une signature aromatique commune.

PLAISIR DE CUISINER

Vous trouverez donc dans ce livre des recettes accessibles – même si la cuisine ne le semble pas toujours –, effectuées avec des aliments disponibles dans presque tous les marchés d'alimentation, à prix raisonnable, quand ce n'est pas à prix plus que doux – mis à part deux recettes où le foie gras intervient (quand même!).

Car, je vous le rappelle, « La simplicité n'empêche pas la grande créativité et la grande créativité n'empêche pas la simplicité ».

Tous les jours, de décembre 2009 à mai 2010, Stéphane et moi nous sommes amusés comme des gamins, dans sa cuisine, à échanger et à créer, tant via mon courriel sur mon Mac (encore un M!), que par vidéoconférence (« *Skype* » is the limit!) – Stéphane habite Québec; moi, Sainte-Adèle, ceci explique cela –, pour accoucher de plus ou moins 200 pistes de recettes, dont ces 85 recettes concluantes, essayées et peaufinées à plus d'une reprise. J'espère que vous aurez autant de plaisir que nous à rouler sur les chemins aromatiques de créativité en cuisine que

nous offre le tome I de *Papilles et Molécules*, inspiration de ce livre de recettes.

Le travail de recherche de François m'a toujours paru comme étant la seule, l'unique, mais surtout la première cartographie balisant les traditions culinaires. Ses recherches ouvrent également toutes grandes les portes de la créativité avec un grand « C », comme dans le duo Mc² que nous formons. Lorsque l'idée de ce livre a germé, je me suis senti honoré et fier de pouvoir apporter, au mieux de mon expérience, une pierre à cet édifice colossal. Pourquoi les Espagnols dégustent-ils des figues avec du fino? Et pourquoi le curry avec le sauternes? De toute évidence, il devait bien y avoir des dénominateurs communs, qui n'étaient pas connus, mais qui étaient sentis. Or, c'est grâce au travail de François que ces questions ne se retrouvent plus sans réponse.

À la suite de cette compréhension aromatique, notre désir de créativité a fait que cette graine est vite devenue une vaste forêt… résultant en une démarche sérieuse, dictée par la science et l'expérience, tout comme par le plaisir partagé. Nous avons donc décidé de faire ce livre sans aucune limite, ni obligation. Au départ, il est avant tout le résultat d'une amitié et d'une collaboration qui tentent de transformer le plomb en or… En tant qu'alchimistes (!), nous ne vous proposons ici que la pointe de l'iceberg. Alors, profitez-en et explorez-la, car l'immense base de l'iceberg suivra bien un jour ou l'autre!)

— Stéphane Modat, chef, photographe et coauteur de ce livre

DES HARMONIES LIQUIDES

Bien sûr, ce livre de recettes n'aurait pas été complet sans un travail de fond sur les harmonies avec les liquides. Partant des mêmes pistes aromatiques détaillées dans le tome I de *Papilles et Molécules*, Stéphane et moi avons dégusté de nombreux types de liquides lors de la création de chacune des recettes.

J'utilise ici le mot « liquides », au sens large, justement pour ouvrir les horizons de la trop restrictive formulation « harmonies vins et mets », qui malheureusement fait ombrage aux bières, cocktails de mixologie, sakés et eaux-de-vie, ainsi qu'aux jus, gelées de vins, consommés, bouillons et sauces.

Car, dans le domaine harmonique, il est tout à fait possible et souhaitable d'utiliser aussi bouillons, consommés et sauces – à l'exemple de notre recette de *Pattes de pieuvre rôties, compote de tomates au thé noir, pamplemousse rose, lavande et safran du Maroc* (page 149), avec laquelle nous créons l'harmonie en servant notre *Vraie crème de champignons_Mc²* (page 157), servie dans une petite tasse de thé japonaise. Donc, de multiples pistes harmoniques avec les liquides, ayant toutes été soumises à l'épreuve de nos papilles, sont proposées avec chacune des recettes.

NAISSANCE D'UN PHOTOGRAPHE DE TALENT

Comme si ce n'était pas assez, nous voulions illustrer nous-mêmes nos créations, au fil des jours, en direct de la cuisine. Stéphane, qui, auparavant, n'avait jamais fait de photographie…, a fait le pari de mettre son talent artistique à l'épreuve en devenant le photographe du livre ! Grâce aux bons conseils de son ami Xavier Dachez, photographe professionnel – qui, soit dit en passant a réalisé la photo de la couverture ainsi que celles de cette introduction –, Stéphane a réussi, en seulement deux semaines d'acharnement, à maîtriser les techniques de l'objectif, laissant ainsi parler son esthétique de chef.

Les lumineux résultats donnent vie à notre ouvrage avec plus d'une centaine de photos captées avec maestria. Notez que vous pouvez aussi consulter les autres versions des photos de nos recettes en visitant le site www.papillesetmolecules.com, section *Studio_Mc²*.

LA CUISINE, LE VIN ET L'AMITIÉ EN IMAGES

Pour que les seules photos du livre soient celles prises par Stéphane, afin de ne pas mélanger les genres, et aussi parce que nous désirions que ces photos expriment uniquement les recettes, sans le vin, laissant ainsi parler la créativité aromatique des molécules des aliments, nous avons décidé de faire appel à un illustrateur pour mettre en image le vin et les thèmes des chapitres.

L'idée de départ était d'imager les liquides, tout comme certains ingrédients, par des illustrations faites main. La rencontre complice avec Pierre Bouchard, illustrateur et bédéiste de Québec, aura fait naître de nouvelles molécules d'idées… résultant en des illustrations ludiques, pour ne pas dire souvent enfantines, afin de colorer l'ouverture des chapitres, ainsi que les aliments dominants dans les recettes. Il a su capter le plaisir communicatif qui émanait de nos rencontres en cuisine. À vous d'en profiter !

LES PLAISIRS DE LA TABLE

Dans le tome I de *Papilles et Molécules*, vous avez pu lire un premier texte de mon ami et gastronome Martin Loignon, docteur en biologie moléculaire, portant le titre *Révolution culinaire*.

Il avait aussi collaboré à la révision des textes moléculaires de ce tome I. Nous lui avons demandé de récidiver.

LE PHOTOGRAPHE XAVIER DACHEZ EN SESSION DE TRAVAIL AVEC FRANÇOIS CHARTIER

Dans ce présent ouvrage, il vous transporte dans l'univers des arômes et tente, avec succès, de vous démontrer l'impact de ces derniers dans notre quotidien, tout comme dans les plaisirs de la table. Vous le découvrirez dans son texte *Plaisirs et harmonies gastronomiques : une question de perception de l'information sensorielle* (page 19), que nous vous invitons à lire en « petites bouchées », question de bien vous le « mettre en bouche » !

UNE HISTOIRE SANS FIN…

Enfin, sachez que nos séances de créativité en cuisine n'ont pas pris fin avec le moment fatidique de remise de la maquette à l'éditeur. Un nouveau duo, « Mc² », donc Modat/Chartier, est né de cette initiative, lequel poursuit ses rencontres fusionnelles en cuisine, à table et via Skype ! Il y a trop de « Matière » à magnifier… Trop de possibilités à réaliser… Trop de nouvelles pistes aromatiques à chevaucher… N'hésitez pas à suivre l'évolution de notre travail, au quotidien, en visitant le nouveau site www.papillesetmolecules.com, mis en ligne à la parution de ce livre.

Merci d'être de nouveau au rendez-vous de cette aventure aromatique, et à très bientôt pour de nouvelles histoires d'harmonies et de sommellerie moléculaires, avec le tome II de *Papilles et Molécules*, à paraître quelque part entre 2011 et 2012…

François Chartier
www.papillesetmolecules.com
www.francoischartier.ca

REMERCIEMENTS Mc²

DE STÉPHANE MODAT…

En tout premier lieu, je tiens à remercier François Chartier de m'avoir donné la chance de pouvoir me réaliser dans cet ouvrage qui est mon premier livre. Merci d'avoir cru en moi et de m'avoir fait confiance.

Un clin d'œil à Xavier Dachez, photographe professionnel, pour sa présence de tous les instants et surtout la patience de moine qu'il a eue devant un « amateur » qui, jusqu'ici, ne faisait de belles photos qu'au photomaton…

Merci à Mario Pilon et à Michelle Cyr de la Boucherie Eumatimi, à Québec, pour leur bœuf extraordinaire, mais aussi et surtout pour leur amitié de longue date.

Merci à Pierre Bouchard, notre illustrateur qui a su coucher sur papier nos idées farfelues et faire de ce projet une expérience plurielle.

Merci à Alex Aubin, de la Ferme Gaspor, la seule personne à faire du cochon de lait mieux que mère Nature tout en réussissant à mettre dans la tête de mes quatre enfants qu'un beau petit cochon, « ça serait-tu pas beau dans la cour… » Cochonnerie!

Merci à ma voisine de belle famille qui a eu le plaisir de se faire alléger de la vaisselle de la grand-mère, de la farine, du sucre, de la sauce soya et j'en passe… Merci surtout, Andrée et Gérard, de votre présence quotidienne, à part quand le téléphone sonne à 6 h le matin! Jamais je n'aurais mieux choisi.

Merci à mes enfants, Lucie, Hugo, Ludovic et Jeanne, qui font de mes journées un pur bonheur… Vous êtes les 4 fantastiques – et des fois les 7 plaies d'Égypte! –, je ne changerais rien. Je vous aime plus de jour en jour.

Merci au petit voisin, Lucas Monfort, qui a bien voulu jouer le jeu de la photo pour la recette de Balloune de mozzarella… (page 99) et qui a sûrement trouvé ça long, mais quand on aime (le fromage) on ne compte pas.

Merci à Benoît Marion, de Cyclone Design, qui a su trouver les mots « justes » qui m'ont poussé à me dépasser dans mon travail photographique du livre.

Et enfin, que dire de Jasmine Sévigny-Perron, ma douce. Merci d'être là, tout simplement dans tous les moments de notre vie, bons ou très bons… Tu as rendu toutes les choses possibles en donnant sans compter.

DE FRANÇOIS CHARTIER…

Premièrement, le plus gros et le plus senti des remerciements va aux lecteurs du tome I de *Papilles et Molécules* qui, par leur présence, leurs questions, leurs encouragements et leurs nombreux courriels, nous ont donné les ailes nécessaires pour mettre en mots et en images nos créations. Sans vous, ce livre de recettes ne serait pas devenu une réalité.

Stéphane, ton amitié et ta complicité, tout comme ton ouverture d'esprit et ton dévouement au travail comptent parmi les plus beaux cadeaux que la vie m'a offerts cette année. Longue vie à Mc²!

Chapeau bas à notre ami gastronome et scientifique Martin Loignon, docteur en biologie moléculaire, qui a bien voulu à nouveau sauter dans l'aventure, comme il l'avait fait en signant, entre autres, le chapitre *Révolution culinaire révélée par le principe d'harmonies et sommellerie moléculaires*, dans le tome I de *Papilles et Molécules*, en y allant cette fois-ci d'un texte de compréhension des sens et de l'impact des arômes dans les plaisirs de la table.

Un GROS pot de vin (!) au « clan » Modat / Sévigny / Perron, spécialement à Jasmine, Lucie, Jeanne, Ludovic et Hugo, ainsi qu'à Andrée et Gérard, beaux-parents de Stéphane et parents de Jasmine, sa conjointe, pour m'avoir hébergé à Québec pendant nos longues séances de casseroles, qui se sont souvent étirées sur plusieurs jours, dans la cuisine de Stéphane. Avec quatre « petits ours » dans la maisonnée, il n'y a rien de mieux pour décrocher, en fin de journée, lors du retour de l'école de cette marmaille vivante et attachante au possible!

« Un mas fuerte abrazo » à Ferran Adrià et à Juli Soler, du restaurant catalan elBulli, qui, comme je l'écrivais dans le tome I de *Papilles et Molécules*, m'ont littéralement « transformé le cerveau » grâce à leur démarche et à leur travail novateurs. Merci de m'avoir fait une place de « collaborateur », depuis 2008, dans votre cuisine et votre laboratoire.

Merci à Alain Labonté, mon attaché de presse et agent, sa générosité et son professionnalisme ont permis de faire connaître *Papilles et Molécules* au plus grand nombre, et donc de participer, indirectement, à la naissance de cet ouvrage de recettes.

Si l'envie de découvrir l'univers aromatique des thés vous prend, faites comme nous et laissez-vous conseiller par l'équipe des boutiques de thés Camellia Sinensis. Plus particulièrement par Jasmin à Québec et par Hugo à Montréal.

Merci à Nicole Henri d'avoir accepté de plonger à nouveau dans le domaine de la chimie moléculaire, tout comme dans la gastronomie, afin de réviser nos textes, comme elle le fait si bien depuis quelques années déjà dans mes différents livres. Merci également à l'équipe et à la direction des Éditions La Presse d'avoir cru, une fois de plus, en ce projet gourmand.

Et enfin, un merci du fond du cœur à Carole Salicco, ma femme et collaboratrice de tous les instants, qui, plus que jamais, par ses idées, sa vision, son style et sa très grande expérience du goût, m'a appuyé dans cette aventure gastronomique, comme elle le fait depuis le tout premier livre paru en 1996…

COMMENT UTILISER NOTRE LIVRE DE RECETTES

LES CHAPITRES

Ce livre étant avant tout inspiré par les idées de recettes divulguées dans le tome I de *Papilles et Molécules*, ainsi que par les différentes pistes aromatiques qui y sont détaillées, nous avons donc fait correspondre les chapitres de notre livre de recettes avec ceux du tome I de *Papilles et Molécules*, afin de rendre la consultation des chapitres de ce tome plus aisée lorsque vous voudrez en savoir plus sur les thèmes de nos recettes.

Quant au dernier chapitre, intitulé *Phéromones – molécules de nos coups de cœur!*, les recettes qu'il contient portent sur des thèmes qui seront détaillés dans le tome II de *Papilles et Molécules*. Comme certaines idées de recettes émanant de ces thèmes nous ont littéralement interpellés (!), nous avons décidé de vous les communiquer à travers ce chapitre.

LES ILLUSTRATIONS

J'ai précisé, dans l'Introduction de ce livre, que les illustrations ludiques, pour ne pas dire souvent enfantines, qui donnent vie aux ouvertures de chapitre, tout comme aux aliments dominants de chaque recette, sont l'œuvre de Pierre Bouchard, illustrateur et bédéiste de Québec. Au cours de nombreuses rencontres, nous lui avons donné quelques pistes aromatiques sur chaque chapitre afin de l'inspirer. Vous pourrez, grâce à ces illustrations, découvrir plusieurs niveaux de lecture…

LES PHOTOS DES RECETTES

Comme nous voulions illustrer nous-mêmes nos créations, Stéphane, qui, auparavant, n'avait jamais fait de photographie…, a fait le pari de mettre son talent artistique à l'épreuve en devenant le photographe du livre! Ses lumineux résultats donnent vie à chacune de nos recettes. Notez que vous pouvez aussi consulter les autres versions des photos de nos recettes en visitant le site www.papillesetmolecules.com, section *Studio_Mc²*.

TEXTE D'INTRODUCTION DE CHAQUE RECETTE

Vous trouverez dans le texte de présentation de chacune des recettes des informations sur la piste aromatique que nous avons empruntée lors de sa création, ainsi que des idées d'ingrédients complémentaires partageant le même profil moléculaire que l'aliment clé de la recette, vous permettant ainsi de les utiliser pour transformer ces recettes à votre guise. Le lecteur n'aura donc pas besoin d'avoir toujours sous la main le tome I de *Papilles et Molécules* pour comprendre le chemin harmonique de ce plat, tout comme pour réaliser sa propre version, selon l'inspiration du moment ou la disponibilité du marché.

RECETTES POUR 4 PERSONNES

Les recettes de ce livre, sauf exception, ont toutes été prévues pour 4 personnes. Donc, dans presque tous les cas, si vous cuisinez pour 2, il vous suffira de diviser par 2.

PISTES HARMONIQUES DES LIQUIDES

À la fin de chaque recette, un texte explique les « Pistes harmoniques des liquides ». Encore une fois, l'idée est de faciliter la vie au lecteur en lui donnant quelques idées pour réussir l'harmonie avec les liquides (vins, bières, cocktails de mixologie, eaux-de-vie, sakés, jus, bouillons, consommés, sauces, boissons sans alcool, etc.), sans qu'il doive toujours consulter le tome I de *Papilles et Molécules*.

L'HARMONIE PARFAITE LORS DE LA CRÉATION DE CHAQUE RECETTE

Enfin, lors de nos séances de « cuisine laboratoire », pour la recherche, les essais et la création de ces recettes, Stéphane et moi avons expérimenté, pour chaque recette, de nombreuses possibilités harmoniques avec divers liquides, afin d'ouvrir les horizons harmoniques. Comme nous avons eu le bonheur d'atteindre l'harmonie parfaite avec chaque recette, nous vous donnons ici, à titre indicatif, le ou les liquides qui ont été les plus justes avec la recette en question. Notre objectif est avant tout de vous permettre d'atteindre « la zone de confort harmonique » avec les différents choix proposés dans le texte « Pistes harmoniques des liquides » qui clôt chaque recette, puis, s'il y a lieu, de retrouver le nirvana que nous avons vécu avec le liquide parfait.

LES PLAISIRS DE LA TABLE

À lire en « petites bouchées », question de bien vous le « mettre en bouche », le texte *Plaisirs et harmonies gastronomiques : une question de perception de l'information sensorielle* (page 19), signé par Martin Loignon, docteur en biologie moléculaire et gastronome. Il vous guidera dans l'univers des sens, plus particulièrement des arômes, et vous démontrera l'impact de ces derniers dans notre quotidien, tout comme dans les plaisirs de la table.

UN SITE INTERNET

Enfin, pour suivre l'évolution de notre travail, au quotidien, visitez le nouveau site www.papillesetmolecules.com, mis en ligne à la parution de ce livre.

PLAISIRS ET HARMONIES GASTRONOMIQUES :

UNE QUESTION DE PERCEPTION DE L'INFORMATION SENSORIELLE

MARTIN LOIGNON,
DOCTEUR EN BIOLOGIE MOLÉCULAIRE

LES PERCEPTIONS SENSORIELLES

L'humain est pourvu de cinq sens qui lui permettent de capter une multitude d'informations sensorielles sous diverses formes, que ce soit des sons, des images, des changements de température ou de pression, des saveurs ou des odeurs. Une fois captée, l'information sensorielle est transmise en un éclair au cerveau où elle est décodée et accompagnée de réactions pouvant être neutres (indifférentes), négatives (désagréables) ou positives (agréables). Chaque sens possède ses caractéristiques propres et est équipé d'un système fait de neurones sensoriels spécialisés à reconnaître et à transmettre des stimuli de différentes natures, aptes entre autres à détecter et à identifier les caractéristiques organoleptiques des aliments.

Les neurones sensoriels sont pourvus de « capteurs » hautement spécialisés. Ces « capteurs », appelés récepteurs, sont des protéines localisées en surface des neurones sensoriels, intégrés aux membranes cellulaires. Ils ont à la fois accès au milieu extérieur (extracellulaire) qui leur permet d'entrer en contact avec différents stimuli et au milieu intracellulaire à l'intérieur duquel ils interagissent avec d'autres protéines qui ont pour fonction de relayer les signaux captés vers le système nerveux central, via des cascades d'événements biochimiques et d'influx nerveux. L'interaction entre les récepteurs et les stimuli constitue une première étape déterminante dans la perception de l'information sensorielle entourant un repas et de l'appréciation de ses caractéristiques organoleptiques.

L'éventail d'information perceptible par un organe sensoriel est associé, en bonne partie, au nombre et à la diversité des récepteurs présents à la surface des neurones sensoriels dudit organe.

De récentes études génétiques rapportent qu'il existerait quelques centaines de gènes fonctionnels codant pour des récepteurs de l'olfaction, alors que seulement quelques dizaines de récepteurs ont été clairement impliqués dans le goût. Cette distribution inéquitable des récepteurs responsables de la perception des caractéristiques organoleptiques des aliments a un impact direct sur les capacités que le goût et l'odorat possèdent pour recueillir l'information à la base des plaisirs de la table. Les capacités individuelles de perception de l'information sensorielle véhiculée par un repas dépendent, en plus, d'une foule d'autres facteurs, dont l'hérédité, l'âge et l'état de santé. L'appréciation personnelle de l'information recueillie avant, pendant et après un repas est plus subjective et est influencée, entre autres, par le bagage culturel, les habitudes alimentaires, l'ambiance du moment, etc.

LE SENS DES SENS À TABLE

Le repas est un des rares événements de la journée ayant comme finalité de stimuler tous les sens simultanément : l'odorat, bien sûr; le goût; le toucher; la vue et même l'ouïe. Le lien entre chaque perception sensorielle, la nature de l'information transmettant ces perceptions et les sens capables de les capter et de les transmettre aux régions du cerveau où l'information sensorielle est traitée peuvent être évidents ou ambigus. Il est généralement admis que nous n'entendons pas les couleurs, que nous ne voyons pas les sons et que nous ne ressentons pas les images. Il est aussi accepté que la vue, le toucher et l'ouïe ne soient pas des sens impliqués, du moins directement, dans la perception ou l'impression de perception des arômes et des saveurs.

Il est toutefois moins évident de déterminer quelle est la contribution respective du goût et de l'odorat dans la perception des arômes et des saveurs, d'une part, et de la contribution de chacune de ces perceptions à la réussite d'une recette, tout comme à l'harmonisation des mets et des boissons, d'autre part. Les stimuli de nature physique transmettant le son (ondes sonores), les images (ondes électromagnétiques), les variations de pression et de température des aliments (énergies accumulées par la matière) sont perçus respectivement via l'ouïe, la vue et le toucher. Ces stimuli physiques sont aux antipodes des messages chimiques (molécules) capables de stimuler l'odorat et le goût.

L'OUÏE ET LE CONDITIONNEMENT

Durant un repas, l'ouïe est principalement sollicitée par les commentaires des convives et ne contribue pas directement à l'appréciation organoleptique des aliments. On peut entendre l'effervescence de la bière, des vins de Champagne et autres mousseux quand l'esprit n'est pas trop à la fête et le crépitement de certains plats servis à température très élevée et qui sont, somme toute, non signifiants dans la perception des arômes et des saveurs. L'ouïe est stimulée principalement par les commentaires des convives et les sons émis à travers les différences culturelles dans la manière de manger et de déguster. La technique d'oxygénation du vin en bouche pratiquée par les sommeliers et les amateurs de vins apporte aussi son lot d'informations auditives. Néanmoins, cette technique est pratiquée essentiellement pour amplifier les stimuli olfactifs en accélérant la volatilisation des molécules aromatiques.

D'un strict point de vue physiologique, il existe une frontière distincte entre l'ouïe et la vue, et les sens du goût et de l'odorat, principaux « collecteurs » d'informations organoleptiques. Cependant, il est permis d'imaginer que la perception simultanée d'informations audiovisuelles pourrait contribuer aux plaisirs amenés par les perceptions gustatives et olfactives chez un épicurien possédant un bagage de références pertinentes en accompagnant d'une trame sonore évocatrice la dégustation d'un plat qui rappelle visuellement les aliments qui le composent et leur terroir. Pareille expérience est proposée chez Heston Blumental, chef propriétaire du restaurant de cuisine d'avant-garde The Fat Duck à Londres. Les dîneurs s'attablent devant un plat construit autour des saveurs de la mer (poissons, algues, eau de mer, etc.) dont l'architecture rappelle des paysages maritimes, en plus d'être munis d'écouteurs émettant le son des vagues. L'objectif recherché étant de mettre à contribution l'ouïe et la vue pour aider à éveiller la mémoire et les souvenirs associés à la dégustation des trésors de la mer et ainsi amplifier les perceptions olfactives et gustatives du moment.

Cette approche expérimentale de la dégustation s'apparente à la célèbre expérience de conditionnement du physiologiste, psychologue et médecin Ivan Pavlov. Ce chercheur russe, reconnu pour sa théorie sur le conditionnement avait d'abord observé que les chiens qu'il étudiait produisaient de la salive à la vue d'un repas. Cette observation l'amena à conclure que les mécanismes physiologiques de la digestion pouvaient être enclenchés avant même la mise en bouche des aliments. Partant de l'hypothèse qu'un stimulus indépendant de la mise en bouche d'aliments pouvait stimuler les mécanismes de la digestion, il décida ensuite de précéder la prise alimentaire de ses sujets d'un son de cloche.

En moins de temps qu'il ne l'eut espéré, ses chiens se mirent à saliver en réponse au stimulus sonore dans l'expectative d'un repas, confirmant l'hypothèse qu'il est possible de conditionner un mécanisme physiologique par association de stimuli physiologiquement indépendants.

Chez Blumental, l'association de la dégustation avec des sons évoquant le terroir et les lieux où les aliments sont récoltés favoriserait vraisemblablement, chez les convives ayant séjourné dans ces lieux évoqués, l'éveil de la mémoire olfactive et contribuerait à amplifier la perception des arômes et les saveurs, et, en conséquence, à participer à l'appréciation du plat en question.

LA VUE ET SES PIÈGES

L'information issue de la présentation visuelle d'un plat est la première accessible et peut-être la plus simple à décoder pour le gourmet comme pour le gourmand. Une image ne vaut-elle pas mille mots? Il en est de même pour l'illustration dans un livre de recettes qui devient un complément quasi indispensable à l'inspiration de celui qui les expérimente. L'image contient de l'information sur la manière de présenter et de préparer la recette qui est le plus souvent absente du texte. Ainsi, on peut affirmer qu'une présentation créative tenant à la fois de l'art et de l'architecture, a fortiori si elle est haute en couleur, saura, avant même de combler les papilles, ravir l'œil. L'effet créé par une présentation inspirante stimulera un désir gourmand, l'appétit et, à l'extrême, un réflexe pavlovien.

Le visuel peut être trompeur. Il faut savoir que, sauf exception, les pigments alimentaires donnant aux plats toutes leurs couleurs ne contribuent pas plus aux saveurs que la disposition des aliments dans l'assiette. La vue permet toutefois d'anticiper les saveurs à la condition que les images soient descriptives, c'est-à-dire que les aliments aient subi peu de transformation. On anticipera la saveur d'une fraise ou d'une framboise entière, mais il sera plus difficile de différencier un coulis de framboises d'un coulis de fraises sans le humer. Certains chefs aiment transformer les aliments pour créer des trompe-l'œil en recréant un aliment, avec ses formes et ses couleurs mais exprimant des saveurs différentes, et ce, à partir d'ingrédients autres que celui mimé, afin de susciter des effets de surprise qui amèneront les convives à porter une plus grande attention au contenu de leur assiette. Le chef catalan Ferran Adrià, dans son désormais mythique restaurant elBulli, est passé maître dans l'art de construire et reconstruire les aliments pour créer une cuisine ludique et émotive, tenant ses hôtes sur le qui-vive.

Au chapitre de l'identification des aliments, le nez est à bien des égards plus difficile à tromper. L'odeur de la fraise peut être identifiée même lorsque la fraise est présentée sous différentes formes. Il faut toutefois souligner que les progrès de la cuisine d'avant-garde, inspirés des résultats de la recherche scientifique en gastronomie moléculaire, ont permis de développer aussi des «trompe-nez». L'identification des molécules aromatiques responsables des arômes et des parfums des aliments a permis de recréer les saveurs des aliments dans un plat sans qu'ils n'en contiennent. Il suffit de humer et de goûter la recette de *Caramous_Mc²* décrite en page 162 pour réaliser l'impact des molécules aromatiques sur la perception de la saveur des aliments. Élaboré sans produit de l'érable et parfumé de graines de fenugrec grillées et de cannelle pour donner un caramel à l'érable sans érable. Stupéfiant!

LE TOUCHER POUR IDENTIFIER STRUCTURES, TEXTURES ET TEMPÉRATURES

Le sens du toucher permet de capter et de jauger les différences de température et de consistance des aliments, la pression nécessaire pour découper et broyer les aliments. Le sens du toucher est mis à profit pour définir avec une relative justesse les formes et les textures des aliments et pour suivre la transformation des aliments subie en cours de mastication. Le croquant de la pomme, le juteux des agrumes, l'effervescence du champagne, le fondant du chocolat et le moelleux du foie gras sont autant de sensations perceptibles grâce au toucher. Les récepteurs tactiles sont aussi stimulés par les molécules astringentes comme les tanins du vin. La sensation de resserrement et de dessèchement est bien réelle, car elle fait suite à une contraction des tissus et des vaisseaux sanguins et à une diminution de l'activité des glandes salivaires en réaction à la stimulation des neurones tactiles par les tanins.

Le sens du toucher est aussi une voie de communication empruntée par les chefs pour créer des effets de surprise. La transformation et la reconstitution des aliments et la combinaison de températures chaudes et froides sont largement utilisées pour créer des contrastes pour le toucher qui surprennent le dégustateur. Le procédé de sphérification élaboré par l'équipe de Ferran Adrià, par exemple, est utilisé pour gélifier des liquides qui explosent littéralement sous la dent. La crème glacée frite, à

la mexicaine, est aussi surprenante par le contraste des températures. Il est à noter que la transformation des aliments, le type de cuisson et la température de service influenceront largement la structure, la consistance des aliments ainsi que leurs propriétés organoleptiques.

La cuisson entraîne des modifications chimiques des aliments et la création de nouvelles molécules aromatiques ayant des odeurs recherchées. Par exemple, le procédé de caramélisation favorise le développement de nouveaux arômes par l'oxydation des sucres. De nouvelles molécules aromatiques sont créées telles que le diacétyl et l'hydroxydiméthylfuranone, donnant respectivement des arômes de beurre et de fraise aux caramels.

LE GOÛT: POUR PERCEVOIR 5 TYPES DE SAVEURS, PEUT-ÊTRE PLUS

Le mot goûter a comme racine étymologique latine le mot «guster» qui veut dire manger, déguster une petite quantité de quelque chose. Le mot goûter, au XVe siècle, qui signifiait apprécier, sentir, nous rappelle l'importance de l'odorat dans l'appréciation de la bonne chère. Ce mot est utilisé encore aujourd'hui pour décrire l'action de prendre connaissance des arômes et des saveurs des aliments. Inévitablement, le sens des mots évolue avec les contextes dans lesquels ils sont utilisés et avec l'acquisition de nouvelles connaissances. Ainsi, la définition physiologique de goûter est plus restrictive.

La physiologie du goût, comme celle des autres sens, fait référence à l'organisation anatomique des neurones gustatifs, à l'information qu'ils captent et véhiculent, et à leur fonctionnement neurologique et biochimique. Avec l'olfaction, le goût est un des deux sens de la chémoréception, soit de la perception des stimuli de natures chimiques (i.e. des molécules). Le sens du goût est construit autour des neurones gustatifs qui sont localisés principalement sur la langue sous forme de papilles, regroupant chacune entre 50 et 150 neurones gustatifs. Les récepteurs du goût sont responsables de la perception de l'information véhiculant 5 types de perceptions gustatives bien caractérisées: sucré, salé, acide, amer et umami.

Historiquement, les 4 premières perceptions gustatives précédemment citées furent cartographiées sur la langue dans des régions distinctes. Ainsi, la perception du sucré se ferait principalement sur le bout de la langue, le salé sur les côtés derrière le sucré, l'acidité sur les côtés derrière le salé et à l'arrière au centre de la langue, l'amertume. On sait maintenant que cette cartographie est inexacte, que les différentes perceptions ne sont pas localisées et qu'il existe un nombre significatif de papilles gustatives sur le palais, l'oropharynx, le larynx, l'épiglotte et sur le segment supérieur de l'œsophage.

Quelques dizaines de gènes codant pour les récepteurs gustatifs ont été identifiés. La majorité sert à détecter les saveurs amères, soit environ 25 gènes, tandis que les autres gènes sont impliqués dans la détection du sucré et de l'umami. Les récepteurs impliqués dans la détection du salé et de l'acide n'ont pas encore été clairement identifiés. Il est aussi suggéré qu'il existe une classe de récepteurs spécifiques pour les saveurs piquantes (piments et gingembre, poivre).

Des études récentes sur des modèles animaux ont permis d'identifier des récepteurs gustatifs spécifiques pour le calcium et suggèrent que ces récepteurs existeraient chez l'homme, ce qui porterait à 5 le nombre de saveurs typiques perceptibles par le goût. De nombreuses recherches sont encore nécessaires pour comprendre les mécanismes de perception des goûts, et notamment l'incapacité de l'humain à faire la distinction des molécules possédant des caractéristiques physico-chimiques très distinctes et qui, pourtant, produisent la même perception gustative. C'est le cas de nombreuses molécules au goût amer et de plusieurs molécules au goût sucré. La relativement faible représentativité de gènes codant pour des récepteurs gustatifs pourrait expliquer notre faible capacité à distinguer entre des molécules de même famille mais de structures différentes.

LE SUCRÉ

La sensation de sucré est la même, qu'elle soit produite par le fructose, le glucose ou le sucrose (sucre de table), toutes des molécules de même famille chimique mais bien distinctes du point de vue structural. Le manque de précision sensorielle du goût ne s'arrête pas là. Une molécule comme l'aspartame, dérivé synthétique d'acides aminés, est complètement différente des sucres cités précédemment, mais produit quand même une sensation de sucré qu'il est difficile de distinguer des sucres naturels. Le goût sucré peut être transmis par des aliments contenant des molécules sucrantes comme le sucrose du sucre de canne et du sirop d'érable, le fructose présent dans les fruits et le sirop de maïs, et tous les édulcorants de synthèse de type aspartame.

Malgré qu'il soit virtuellement impossible de distinguer à l'aveugle la ou les molécules donnant un goût de sucré à un aliment, il est possible de déterminer le pouvoir sucrant de celles-ci. Le pouvoir sucrant d'une molécule est défini par la quantité nécessaire d'un sucre ou d'une molécule sucrante pour éliciter la sensation de sucrer par rapport à une référence qui est généralement une solution de saccharose (sucre de table) de concentration connue. Ainsi, le pouvoir sucrant du fructose est de 1,4 fois supérieur au saccharose, alors que les édulcorants de synthèse, dont l'aspartame et la saccharine, sont respectivement 150 et 450 fois plus sucrants. Le stévioside, un édulcorant naturel extrait d'une plante vivace d'Amérique du Sud, le *Stevia rebaudiana*, a, quant à lui, un pouvoir sucrant 100 à 300 fois supérieur au sucre de table. Le même type de pouvoir de stimulation existe pour les molécules aromatiques qui stimulent de manière plus ou moins intense les récepteurs de l'olfaction.

L'UMAMI

Le mot umami vient du japonais qui signifie bon goût, savoureux. La saveur umami est présente dans les aliments contenant des protéines hydrolysées comme la sauce soya, la sauce de poisson et autres bouillons à base de viande. La protéolyse, ou dégradation des protéines, libère les acides aminés qui les composent. Parmi les nombreux acides aminés différents qui composent naturellement les protéines des aliments, l'acide glutamique, aussi connu sous le nom de glutamate, constitue le stimulus le plus commun de la saveur umami.

Les produits animaux sont particulièrement riches en glutamate, comme le thon rouge, les pétoncles et les jambons séchés. Certains fromages matures sont aussi riches en glutamate. C'est le cas du parmesan, de l'emmental, du cheddar, du roquefort et du gruyère. Parmi les végétaux riches en glutamate, on retrouve les algues japonaises kombu et nori, la tomate confite, les champignons shiitake, enoki et matsutake, les oignons et les épinards cuits. Les bières noires et brunes, ainsi que le scotch single malt ont aussi une saveur umami.

La théanine, un acide aminé dérivé de l'acide glutamique présent exclusivement dans le thé, lui donne sa saveur umami. La concentration de théanine est particulièrement élevée dans le thé vert Gyokuro et le thé noir Ceylon Pekoe.

LE SALÉ

La perception du salé est produite essentiellement par la molécule de sodium du sel de table, dont le nom chimique est le

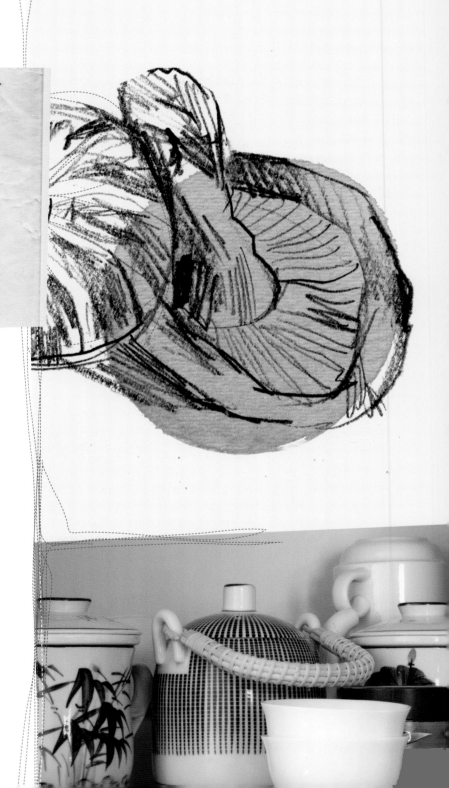

chlorure de sodium. Le chlorure de sodium a la propriété de se scinder en 2 lorsqu'il est mis en solution dans l'eau pour former 2 molécules de charges opposées (des ions). D'autres molécules, dont l'ionisation produit un ion sodium ($Na+$), provoqueront aussi une sensation de salé. Certains sels qui ne sont pas à base de sodium, dont le chlorure de potassium, produisent aussi une sensation de salé et de minéralité.

L'ACIDITÉ

Le goût acide est stimulé par des molécules capables de libérer un ion hydrogène ($H+$) en solution dans l'eau. Ces molécules sont des acides organiques comme l'acide acétique des vinaigres et l'acide lactique des produits laitiers fermentés et des charcuteries. L'acidité retrouvée dans les fruits et les boissons à base de fruits est le plus souvent due à l'acide citrique abondant dans les agrumes, alors que l'acide malique est plus abondant dans les pommes, les poires et les raisins. L'acidité du vin est attribuable à l'acide lactique et aussi à l'acide citrique pour les vins blancs, l'acide malique initialement présent dans les raisins étant dégradé durant le processus de fermentation.

L'AMERTUME

Malgré que la plus grande proportion des récepteurs gustatifs soit impliquée dans la perception de saveurs amères, l'information apportée par ces molécules est imprécise. Une grande variété de molécules produisent des goûts amers, mais il est presque impossible de les distinguer avec précision. Le thé, certains légumes verts comme l'asperge, les choux de Bruxelles, le rapini et les épinards ont une saveur amère. L'amertume des aliments est attribuable à une grande variété de molécules. L'asparagine, un acide aminé, est responsable du goût amer des asperges. Le calcium qui, à forte concentration, donne une sensation d'amertume, contribuerait à donner cette saveur dans le chou et les épinards.

Les saveurs amères sont moins prisées, parfois désagréables. L'aversion naturelle de l'homme pour les saveurs amères serait, selon les spécialistes de l'évolution, associée à un mécanisme de défense. En fait, plusieurs poisons produits par les plantes ont une saveur amère. C'est probablement la raison pour laquelle l'homme n'apprécie guère cette saveur et qu'il est capable de détecter de très faibles niveaux, relativement aux autres molécules stimulant le goût.

Le seuil de détection des molécules amères est le plus faible. C'est-à-dire qu'il faut une concentration moins élevée de molécules amères pour le percevoir. À titre comparatif, il faut 1000 fois plus de chlorure de sodium et 500 fois plus d'acide citrique que de quinine pour le percevoir. La quinine est la molécule prototype du goût amer qui donne son goût amer au *tonic water*. Cette molécule fait partie de la famille des polyphénols, représentée aussi par les catéchines du thé et qui présentent des variations structurales importantes, bien qu'elles soient totalement différentes de l'asparagine, il est difficile de les différencier sans en connaître la provenance.

LE GRAS ET AUTRES PERCEPTIONS GUSTATIVES

Des récepteurs gustatifs pour le gras ont été récemment identifiés et contribueraient à la détection et l'appréciation des gras. Il existerait aussi des récepteurs gustatifs activés par le piquant et calcium. Des molécules comme la capsaïcine des piments forts et la pipérine du poivre seraient perçues par des récepteurs spécifiques du goût. La perception gustative de ces saveurs, viendraient ajouter à l'éventail des cinq saveurs « classiques » perceptibles par le goût.

LES LIMITES DU GOÛTER

En résumé les goûts de salé et d'acidité sont stimulés par un seul ion. Les goûts de sucré, d'amer et d'umami et le goût du piquant sont stimulés par des molécules de tailles et de structures diverses. Néanmoins, le sens du goût nous informe sur une quantité relativement limitée des caractères organoleptiques des aliments. Disons que le goût nous informe de caractéristiques organoleptiques générales, communes à de nombreux aliments et boissons, sans nous renseigner sur leurs caractéristiques distinctives.

Il est aussi notable que les perceptions gustatives peuvent être largement altérées en fonction de la composition d'un aliment ou d'un breuvage. Par exemple, l'amertume d'un café noir ou l'acidité d'un citron peuvent être fortement diminuées en ajoutant suffisamment de sucre. Il se fait d'ailleurs beaucoup de recherche pour trouver des molécules qui masqueraient le goût amer des médicaments. Les perceptions gustatives sont donc influencées par l'ensemble des molécules en présence dans une bouchée. Le même phénomène existe autour des perceptions olfactives.

L'OLFACTION POUR PERCEVOIR
DES MILLIERS D'ODEURS

Il manquerait une dimension extrêmement importante du repas, sinon la plus importante, si l'information perçue lors d'un repas était limitée à l'ouïe, à la vue, au toucher et au goût. Il est plutôt aisé de se convaincre de l'importance de l'olfaction dans la perception des propriétés organoleptiques des aliments. En effet, la majorité des conditions physiologiques réduisant très significativement la perception des propriétés organoleptiques des aliments, mets et boissons, affecte le système olfactif. Des maladies, comme le Parkinson ou la narcolepsie, réduisent les capacités olfactives et la perception des saveurs des aliments. Allergies, rhumes, sinusites ou autres affections nasales diminuent considérablement les perceptions olfactives.

Étant donné que les récepteurs olfactifs sont concentrés dans la cavité nasale, les sécrétions dues aux allergies et aux infections créent une barrière entre les molécules aromatiques génératrices d'odeurs et les récepteurs olfactifs, et conséquemment limite les perceptions associées à ces molécules. Les conséquences sur le plaisir de manger sont sans équivoque. La diminution des capacités olfactives, quelle que soit la cause, réduit presque à néant la saveur des aliments. Unanimement, les individus souffrant d'incapacité olfactive s'entendent pour dire que leur plaisir de manger est inexistant parce que la nourriture ne goûte (sous-entendu ne sent) plus rien. Preuve ultime, s'il en faut une, que les perceptions olfactives véhiculées par les molécules aromatiques ont un impact supérieur aux perceptions gustatives et sur les plaisirs de la table.

Lorsque l'affection est temporaire, le plaisir de retrouver les odeurs n'en est que plus grand. Mais lorsque la perte d'olfaction est permanente, comme dans les cas d'anosmie, les conséquences sont graves, et peuvent mener à la dépression. L'anosmie est un trouble de l'odorat associé à la détérioration ou à la rupture du nerf olfactif. La transmission de l'information captée par les neurones olfactifs est alors interrompue et, par conséquent, la perception des arômes aussi. L'anosmie sélective a aussi été décrite et est causée par des mutations des récepteurs olfactifs entraînant une perte sélective dans la capacité à détecter certaines odeurs.

Pour se convaincre de la pertinence de l'odorat dans la récolte d'informations permettant l'identification précise d'aliments et de liquides, il suffit de faire une expérience d'une simplicité enfantine. Dans un premier temps, manger un aliment en se pinçant le nez. Dans un deuxième temps, répéter l'exercice le nez bien dégagé. Idéalement, le dégustateur, qui a les yeux fermés, reçoit l'aliment d'un observateur indépendant qui ne divulgue aucune information sur l'aliment en question. L'information organoleptique détectée par le dégustateur dans les différentes situations est notée et comparée. La conclusion sera sans équivoque. L'information recueillie le nez bouché est beaucoup moins complète, et dans une large proportion, insuffisante pour permettre l'identification de l'aliment goûté. C'est d'ailleurs la stratégie la plus commune employée par les enfants pour avaler brocolis, navets et autres légumes qui les rebutent.

Malgré toutes ces évidences illustrant le rôle essentiel de l'olfaction dans la perception des propriétés organoleptiques des aliments, nous n'utilisons pas un langage représentatif pour en faire la description. Le langage utilisé pour décrire les aliments et les boissons sous-estime l'importance quantitative et qualitative de l'olfaction dans la masse d'informations sensorielles reçue lors d'un repas. À l'opposé, le sens du goût semble se voir attribuer plus de capacités de perception qu'il n'en possède. Une description d'un aliment ou d'une boisson utilisera le plus souvent le verbe goûter qui ne tient pas compte, du point de vue physiologique, de la contribution de l'odorat. La manière d'exprimer les perceptions sensorielles captées par l'odorat est systématiquement usurpée par la sémantique propre au goût et illustre clairement l'ambiguïté existant entre les perceptions reçues par ces deux sens.

S'il est exact d'affirmer qu'une pomme, une fraise ou qu'un vin ont un goût sucré, il est imprécis de dire qu'une tarte goûte la pomme, qu'un sorbet goûte la fraise ou qu'un vin goûte la cerise. Il serait plus juste de dire qu'une tarte « sent » la pomme, qu'un sorbet « sent » la fraise ou qu'un vin « sent » la cerise parce que, physiologiquement, c'est l'olfaction qui permet de décrire un aliment avec une plus grande précision et non le goût. Fraise, pomme et cerise sont essentiellement définies par des molécules captées par les neurones olfactifs et non les neurones gustatifs. L'information responsable de la reconnaissance des odeurs de la fraise, de la pomme et de la cerise est donc véhiculée par des molécules aromatiques que seules les cellules spécialisées de l'olfaction, sont capables de capter.

La proximité spatio-temporelle du goût et de l'odorat, ainsi que la nature complexe des stimuli chimiques qu'ils perçoivent,

contribuent à entretenir l'ambiguïté sur la provenance exacte, odorat ou goût, de l'information associée aux qualités organoleptiques des aliments. Les molécules aptes à stimuler le goût sont détectées lors de la mise en bouche des aliments, alors que les molécules aptes à stimuler l'olfaction ont accès au centre de l'olfaction par les narines, avant la mise en bouche et une fois en bouche, en passant par la cavité rétro-nasale.

Certains acides et autres molécules sont capables de stimuler à la fois l'olfaction et le goût. C'est le cas, par exemple, de quelques acides organiques, dont l'acide acétique (vinaigre) et l'acide butyrique (le beurre rance et le parmesan). Ces molécules ont la particularité, en plus d'être volatiles, de se séparer lorsqu'elles sont mises en solution dans l'eau pour former des ions, i.e. se séparent en molécules de charges opposées comme le fait le sel de table. Dans ces conditions, une partie des ions sera acide. Cette fraction de la molécule, l'ion hydrogène (H+), stimulera les neurones gustatifs, alors que la portion organique (CH3COOH dans le cas de l'acide acétique) stimulera les neurones olfactifs. D'autres molécules sont aussi capables de stimuler à la fois le goût et l'odorat, telles que la triméthylamine qui dégage une forte odeur de poisson.

LA RICHESSE INFORMATIVE ET LE POUVOIR OLFACTIF DES MOLÉCULES AROMATIQUES

Par définition, les molécules aromatiques ont un pouvoir d'olfaction dû au fait qu'elles stimulent le système olfactif. L'impact des molécules aromatiques sur le système olfactif et le plaisir ou le désagrément qu'un individu stimulé en tirera dépendent d'une pléthore de facteurs, en commençant d'abord par la nature même des molécules aromatiques et le système de perception dont nous sommes dotés pour capter l'information qu'elles véhiculent. Pour bien saisir la complexité des messages aromatiques, il est important de garder à l'esprit que, dans la nature en général et dans l'assiette en particulier, les molécules aromatiques ne sont jamais seules, ce qui contribue à l'infinie diversité des messages aromatiques qu'il est possible de créer en gastronomie, à condition bien sûr que le dosage des molécules soit bien contrôlé. La nature nous a bien nantis pour faire face à cette diversité. Grâce au système olfactif équipé de centaines de récepteurs fonctionnels (~500), le cerveau est capable de décoder et d'identifier l'odeur caractéristique de milliers de molécules aromatiques.

La complexité de l'information véhiculée par les arômes et les parfums des aliments, des boissons, des herbes et aromates, ou leur signature aromatique, s'explique en grande partie par la multiplicité des molécules qui les composent. Cependant, il arrive parfois que la signature aromatique d'un aliment, d'un ingrédient ou d'un mets donne l'impression qu'elle est composée d'une seule molécule. C'est le cas, par exemple, de l'anis étoilé qui dégage une forte odeur de réglisse noire laissant peu de chance aux autres molécules aromatiques qui composent le parfum de l'anis étoilé de s'exprimer. Son parfum est donc composé de plusieurs molécules aromatiques, mais l'une d'entre elles, l'anéthol, stimule le système olfactif plus fortement que les autres pour donner à l'anis étoilé son parfum caractéristique de réglisse noire.

Le parfum de l'anis étoilé est en réalité composé, en plus de l'anéthol, de plusieurs autres molécules incluant la beta-phellandrene (poivré, citronné), l'estragole (estragon), le limonene (agrumes), le linalol (lavande/muguet), le nerolidol (odeur boisée), le cinnamyl acetate (cannelle), le terpinéol (lilas)… Chacune des molécules aromatiques d'un parfum contribue à sa signature à la hauteur de son pouvoir aromatique et en fonction de la proportion qu'elle représente dans un mélange d'odeurs. Ainsi, l'anéthol est présent dans le basilic, le romarin, le fenouil et dans tous les plats contenant l'un ou l'autre de ces ingrédients. Cependant, dans le basilic et le romarin, l'anéthol est moins abondant que dans l'anis. Le basilic est aussi composé d'une plus grande proportion d'estragole. Le romarin exprime aussi l'alpha-pinène en grande quantité, ce qui lui confère son odeur caractéristique de pin.

La démarche scientifique d'harmonies et de sommellerie moléculaires instiguée par François Chartier vise justement à traquer et à identifier les molécules aromatiques dominantes, en particulier dans les aliments complémentaires. Cette information est extrêmement utile aux cuisiniers et aux chefs qui veulent contrôler avec plus de précision la signature aromatique des mets et créer des harmonies réussies avec les boissons et autres liquides d'accompagnement qui ont comme dénominateur commun les mêmes molécules aromatiques dominantes.

Bref, du strict point de vue de la perception que nous avons d'un bouquet ou d'un parfum, certaines des molécules qui les composent possèdent ce qu'il serait convenu d'appeler un pouvoir de stimulation olfactif supérieur. Ce caractère permet à une molécule aromatique de « dominer » les autres molécules aromatiques d'un mélange pour, en quelque sorte, imposer un caractère singulier à un ensemble de molécules et donner l'impression

qu'il s'agit d'une odeur unique en rendant les autres molécules imperceptibles. Ce phénomène dépend de la concentration et du pouvoir olfactif des molécules aromatiques composant le parfum d'un plat. Ainsi, la cannelle, riche en cinnamaldéhyde, ajoutée avec excès sur la tarte aux pommes, étouffera les arômes plus subtils de la w. On peut ici tracer un parallèle entre le goût et l'odorat. De la même manière qu'il est possible de trop saler ou sucrer un plat, il est aussi possible de trop l'aromatiser, ou de briser l'harmonie en choisissant mal les associations aromatiques.

La signature aromatique d'une recette dépendra des ingrédients qui le composent et des proportions. La complexité d'une recette pour être reproductible, disons avec une certaine fidélité, ne s'arrête pas là. La provenance, le terroir, la fraîcheur, le type et l'espèce des ingrédients ainsi que le degré de transformation et le niveau de cuisson sont autant de facteurs qui vont inévitablement influencer le contenu en molécules aromatiques des aliments et modifier la signature aromatique des plats.

L'IMPORTANCE DES MOLÉCULES AROMATIQUES DANS LA PERCEPTION DES PROPRIÉTÉS ORGANOLEPTIQUES DES ALIMENTS ET DANS LES HARMONIES GASTRONOMIQUES

La science des harmonies et de la sommellerie moléculaires peut sans contredit être considérée comme un art, à en juger par les photos qui tapissent ce livre et qui sont elles-mêmes des œuvres d'art. Une œuvre d'art est à la fois une source d'émotions et une source d'information qui passent plus habituellement par la vue et l'ouïe; et parfois par le toucher. Une œuvre gastronomique, et particulièrement celle basée sur le principe d'harmonies et de sommellerie moléculaires, issue de la science aromatique des aliments, est, en plus, riche d'informations olfactive et gustative.

Le secret du principe d'harmonies et de sommellerie moléculaires, instigué par François Chartier dans le tome I de son ouvrage *Papilles et Molécules*, tient essentiellement dans la maîtrise d'un « langage olfactif » accessible et évocateur. Pour maitriser ce langage, il faut en connaître les mots et la grammaire. Les mots sont les molécules aromatiques des aliments et des boissons, alors que la grammaire régit leur assemblage de manière juste et harmonieuse.

Le langage de cette approche aromatique, déjà extrêmement riche, continue de s'enrichir avec l'identification des molécules encore cachées derrière certains arômes et par la synthèse de nouvelles molécules aromatiques. Une molécule aromatique est définie, en autres, par une formule et une structure chimique. Des variations très subtiles de cette structure peuvent transformer complètement son odeur. C'est le cas, par exemple, des stéréo-isomères ou isomères optiques qui sont des molécules possédant une composition chimique identique mais une structure légèrement différente. Elles sont en fait l'image miroir l'une de l'autre. Dans la nomenclature chimique, les noms de ces molécules sont précédés soit de R, qui signifie droite, ou de S, qui signifie gauche. L'effet de cette subtile modification de structure est spectaculaire sur la perception de la molécule. Ainsi, le S-carvone a une odeur de carvi, alors que le R-carvone rappelle la menthe. Voilà un exemple parmi des milliers pour illustrer la subtilité et la richesse de l'univers aromatique. Le plus merveilleux pour l'épicurien et l'amateur de bonne cuisine, c'est que son sens de l'olfaction lui permet d'apprécier et de jouir de ces subtilités.

Dès que l'on commence à faire des assemblages de molécules aromatiques, les possibilités sont infinies, ce qui rend la grammaire olfactive extrêmement complexe, en plus de devoir tenir compte de la modification des profils aromatiques des aliments pouvant changer avec la cuisson et autres transformations, comme la mise en purée ou la fermentation. La grammaire olfactive a fait un grand bond en avant avec les recherches en harmonies et sommellerie moléculaires. L'artiste culinaire a maintenant un nouvel outil extrêmement efficace à son service pour exploiter le langage olfactif et créer de véritables chefs-d'œuvre d'originalité.

Par exemple, les pyrazines, et plus particulièrement les diméthyl-pyrazines qui dégagent des arômes de grillé et de fumé, sont produites dans plusieurs aliments suite à la cuisson et à la torréfaction. Les diméthyl-pyrazines sont présentes dans le cacao, le café et les asperges grillées. Ces ingrédients qui, de prime abord, n'ont aucune affinité s'unissent à merveille par un partage de molécules aromatiques communes. Pour une aventure gastronomique dans l'univers des pyrazines, cuisinez la recette d'*Asperges vertes rôties, enrobées de chocolat noir infusé au thé fumé Zheng Shan Xiao Zhong, fleur de sel au café* (page 222).

Le plus stupéfiant de la conception d'une recette basée sur les propriétés olfactives des molécules aromatiques qui composent les ingrédients, c'est que l'harmonie est presque automatiquement réussie. Il en va de même pour l'harmonisation des mets et des boissons. Grâce à l'olfaction et à la science aromatique des aliments, les chefs-d'œuvre de cuisine et les harmonies gastronomiques se conçoivent et s'expriment par les molécules aromatiques.

Tout amateur de plaisirs gastronomiques, désireux de profiter au maximum de la dimension olfactive des repas, trouvera dans ce livre, en plus de recettes inspirées et inspirantes, de l'information issue de recherches en harmonies et sommellerie moléculaires élaborée par le maître sommelier François Chartier. Chaque recette suit un sentier aromatique balisé par François Chartier, et est mise en œuvre en cuisine avec la complicité de Stéphane Modat, un des chefs contemporains les plus créatifs. Les compositions culinaires, magnifiquement photographiées dans ce livre par Stéphane Modat, seront pour ceux qui les réaliseront autant de plaisirs gastronomiques destinés à séduire le gourmet par le nez.

Et puisqu'il s'agit de recettes créatives thématiques élaborées autour de molécules aromatiques de la même famille, soigneusement sélectionnées, elles sont autant d'exercices grammaticaux pour tous ceux qui souhaitent apprendre ou réapprendre le langage aromatique des plaisirs olfactifs

CHENE

SCHR

ROMARIN

SIROP D'ÉRABLE

MENTHE

RAN

GINGEMBRE

FROMA
DU
QUÉBEC

CANNELLE

LITCHI

FINO ET

GEWURZTRAMINER

FRAISE

CHAPITRES DES RECETTES_Mc²

MENTHE ET SAUVIGNON BLANC

UNE PORTE OUVERTE DANS L'UNIVERS DES ALIMENTS ET DES VINS AU GOÛT ANISÉ

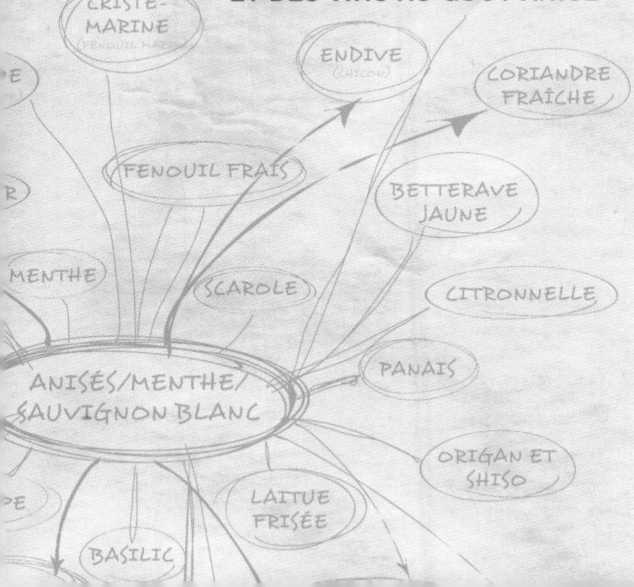

CRISTE-
MARINE
(FENOUIL MARIN)

ENDIVE
(CHICON)

CORIANDRE
FRAÎCHE

FENOUIL FRAIS

BETTERAVE
JAUNE

MENTHE

SCAROLE

CITRONNELLE

PANAIS

ANISÉS/MENTHE/
SAUVIGNON BLANC

ORIGAN ET
SHISO

LAITUE
FRISÉE

BASILIC

HUÎTRES CRUES EN VERSION ANISÉE

Contrairement à la recette d'*Huîtres frites à la coriandre et wasabi* (page 202), qui est bâtie autour des aliments au « goût de froid », celle-ci est inspirée des ingrédients de la famille des anisés, tels que détaillés dans le tome I du livre *Papilles et Molécules*. Notez que comme les aliments au « goût de froid » s'unissent à merveille avec les anisés, cette recette peut aisément être servie juste avant la version frite à la coriandre et au wasabi, question de faire le pont entre ces deux familles de saveurs et de les comparer.

INGRÉDIENTS
20 huîtres iodées (type *Raspberry Point*)
1 branche d'aneth frais
1 branche de coriandre fraîche
1 branche de basilic frais
1 branche de menthe fraîche
Quelques gouttes d'huile de wasabi

PRÉPARATION
1. Ouvrir vos huîtres, rejeter la première eau et les disposer sur 4 assiettes parsemées de gros sel ou de glace concassée.
Note : pour faire une dégustation d'huîtres crues en mode anisé, placer dans chacune des huîtres une herbe différente pour déguster avec le même vin.
2. En suivant une gradation par rapport à la puissance de l'aromate, placer dans une huître quelques brins d'aneth, dans sa voisine la coriandre, dans une autre le basilic, enfin la menthe et pour finir quelques gouttes d'huile de wasabi.

FINITION
Voir la photo : il va de soi que les convives seront guidés en suivant le cheminement des anisés, pour optimiser la dégustation.

Pistes harmoniques des liquides
Vous réussirez l'harmonie liquide avec les mêmes types de vins et de thés verts suggérés pour accompagner la recette d'*Huîtres frites à la coriandre et wasabi* (page 202).

Nous avons atteint l'harmonie parfaite lors de la création de cette recette avec :
Voir suggestions à la recette d'*Huîtres frites à la coriandre et wasabi* (page 202).

JARRET D'AGNEAU AU PASTIS ET TOMATES FRAÎCHES

Cette idée de recette m'est venue pendant mes recherches sur la famille des aliments et des vins au goût anisé, décrites au chapitre Menthe et sauvignon blanc (voir tome I *Papilles et Molécules*). Il faut savoir que l'anéthol, qui est la molécule aromatique dominante de l'anis étoilé (badiane), est utilisé pour donner de la rondeur au pastis français, tout comme pour lui donner de la persistance en bouche. L'anéthol possède les deux mêmes pouvoirs « arrondisseur » et « allongeur » que la réglisse noire. Comme l'anis étoilé et le pastis ont un goût anisé, il faut les cuisiner avec des aliments de même famille, puis leur présenter des vins tout aussi anisés et… blancs !

INGRÉDIENTS

4 jarrets d'agneau
15 ml (1 c. à soupe) d'huile d'olive
2 grosses carottes
1 gros oignon
4 gousses d'ail
4 étoiles d'anis (badiane)
1 pincée de graines de fenouil séchées
60 ml (1/4 tasse) de pastis ou Ricard
15 g (1 c. à soupe) de concentré de tomates
750 ml (3 tasses) de bouillon de volaille maison
200 g (1 lb) de tomates cerises
Sel, poivre

PRÉPARATION

1. Saler et poivrer les jarrets.
2. Dans une cocotte chaude, faire colorer uniformément les jarrets d'agneau dans l'huile d'olive.
3. Éplucher les carottes, l'oignon et l'ail. Les couper en gros morceaux, puis les mettre dans la casserole.
4. Ajouter les épices et déglacer avec le pastis.
5. Laisser réduire le pastis de moitié. Ajouter le concentré de tomates et le bouillon.
6. Porter le tout à ébullition, couvrir et mettre au four préchauffé à 160°C (325°F) pendant 2 heures.
7. À la sortie du four, retirer les jarrets du jus de cuisson, ajouter les tomates cerises pour les faire chauffer et concentrer le jus. Au besoin, rectifier l'assaisonnement.

FINITION

Dresser les jarrets dans une assiette creuse, entourés des légumes de cuisson. Napper de sauce et déguster.

Pistes harmoniques des liquides

À l'image de la réglisse noire, l'anis étoilé (badiane) et le pastis ont le pouvoir d'assouplir les vins et de leur donner de la persistance en fin de bouche. Étant des aliments et des boissons au goût anisé, il faut créer l'harmonie avec des vins rouges au profil anisé. À quoi répondent généralement les vins de syrah/shiraz. Mais quelle surprise vous provoquerez en servant ce plat à vos convives si vous l'accompagnez d'un verre de… sauvignon blanc !

Eh oui, agneau et vin blanc. C'est que le grand pouvoir d'attraction entre les ingrédients anisés de la recette (anis étoilé et pastis) entre en accord tellement intensément avec les saveurs anisées des vins blancs de ce cépage, servis à plus ou moins 14°C, que l'accord va au-delà de l'union vin rouge et viande rouge. Toute la solidité de la thèse d'harmonies et de sommellerie moléculaires tient dans cette étourdissante harmonie aromatique. À vous maintenant de la vivre.

Nous avons atteint l'harmonie parfaite lors de la création de cette recette avec :

En Travertin 2008 Pouilly-Fumé, Henri Bourgeois, France

Une création architecturée autour des aliments au goût anisé. Menthe, céleri-rave et graines de cerfeuil ont donc tracé le chemin harmonique, auquel s'est ajouté le gourmand, vaporeux, texturé et abordable poisson tropical escolar, aussi connu sous le nom de *butterfish*. Enfin, l'anguille japonaise unagi, rôtie et marinée, à la saveur de barbecue, un brin sucrée, vendue dans toutes les épiceries asiatiques à bas prix complète le tableau avec sa saveur pénétrante. Amusez-vous à remplacer les ingrédients anisés utilisés en pigeant dans la liste des aliments de la famille des anisés proposée dans le tome I du livre *Papilles et Molécules*. Vous y dénicherez, entre autres, le panais et le topinambour, en remplacement du céleri-rave; les graines de carvi ou de fenouil, en remplacement de celles de cerfeuil; le basilic, la coriandre fraîche ou le persil, en remplacement de la menthe pour confectionner l'huile aromatisée.

Escolar ou thon blanc albarcore ?

L'escolar est la plupart du temps, et ce, malheureusement (pour ne pas dire frauduleusement…), vendu sous le faux vocable de «thon blanc» ou de «thon blanc albacore». Mis à part la blancheur de sa chair, il n'a pourtant rien à voir avec ces derniers, spécialement du côté du prix. L'escolar se vend beaucoup moins cher même si on vous le vend dans certains bars à sushi au prix très élevé du thon blanc albacore…

FILET D'ESCOLAR POÊLÉ, ANGUILLE « UNAGI » BBQ, CRÈME DE CÉLERI-RAVE AUX GRAINES DE CERFEUIL, FEUILLES ET HUILE DE MENTHE FRAÎCHE

INGRÉDIENTS

1 céleri-rave de taille moyenne
5 g (1 c. à thé) de gros sel de mer
125 ml (1/2 tasse) de crème 35 %
4 g (1 c. à thé) de graines de cerfeuil
4 filets d'escolar de 150 g (1/3 lb) chacun
5 ml (1 c. à thé) d'huile d'olive
1/2 bouquet de menthe fraîche
15 ml (1 c. à soupe) d'huile de pépins de raisin
1 filet d'anguille (unagi) grillée/marinée
Fleur de sel
1 branche de menthe fraîche

PRÉPARATION

1. Laver, parer et tailler le céleri-rave en cubes. Les cuire à l'eau bouillante additionnée de gros sel de mer jusqu'à tendreté, soit environ 15 minutes.
2. Dans une autre casserole plus petite, verser la crème et la faire réduire du tiers, en remuant continuellement avec un fouet.
3. Placer le céleri-rave, la crème réduite et les graines de cerfeuil dans un robot culinaire. Réduire en purée lisse. Rectifier l'assaisonnement au besoin. Réserver.
4. Assécher les filets d'escolar sur un papier absorbant.
5. Faire chauffer l'huile d'olive dans une poêle. Assaisonner l'escolar et le placer dans la poêle. Le faire colorer à feu vif puis poser un couvercle sur la poêle. Retirer du feu. Ainsi, la cuisson se fera doucement et le poisson ne se desséchera pas.
6. Banchir les feuilles de menthe quelques secondes, puis les plonger immédiatement dans de l'eau glacée. Presser les feuilles pour retirer l'excédent d'eau, puis mixer avec l'huile de pépins de raisin. Filtrer et réserver.
7. Tailler de fines tranches d'anguille et les faire tiédir au four.

FINITION

Déposer sur une assiette de service une quenelle de purée de céleri-rave, le poisson sur lequel seront disposées les tranches d'anguille. Finir le tout avec des feuilles et de l'huile de menthe et quelques grains de fleur de sel.

Pistes harmoniques des liquides

Étant une recette inspirée par les aliments au goût anisé, pour le choix du vin il vous faudra sélectionner un cru blanc, à base d'un des cépages de la famille des anisés. Il se devra aussi d'avoir une minéralité à l'avant-scène. Minéralité qui est littéralement magnifiée lors de la rencontre avec les graines de cerfeuil ! Ce à quoi répond avec éclat et précision un riesling sec d'Alsace. Vous pouvez aisément atteindre la zone de confort harmonique en sélectionnant aussi les vins des autres cépages au goût anisé comme le sont avant tout certains crus de Chablis, ainsi que les vins de cépage romorantin, sans oublier ceux de sauvignon blanc, de verdejo, d'albarino et de chenin blanc, mais dont le caractère minéral est bel et bien présent. Enfin, vous pouvez aussi servir un thé vert Sencha, dont les composés volatils font aussi partie de ces deux familles. Le Kabusecha Takamado, thé vert du Japon, au caractère végétal affirmé, a un profil aromatique rappelant vaguement certains rieslings matures. L'autre référence incontestée en la matière est assurément l'Ashikubo, qui est littéralement le sauvignon blanc des thés verts !

Nous avons atteint l'harmonie parfaite lors de la création de cette recette avec :
Riesling Les Écaillers 2001 Alsace, Léon Beyer, France
et
Thé vert Kabusecha Takamado, Japon (www. camellia-sinensis.com)

CREVETTES CARAMÉLISÉES, ÉCUME DE CAROTTE, POMME McINTOSH ET GRAINES DE CUMIN, PURÉE DE CAROTTES À L'HUILE DE CRUSTACÉS ET PIMENTÓN FUMÉE

Une délectable purée de carottes au pimentòn fumé et doux et à l'huile de crustacés enrobe le palais et apporte une étonnante note d'orange « sans orange » en finale! Nous sommes dans l'univers aromatique des aliments au goût anisé (carotte, pomme, cumin). Nous nous permettons une aventure dans une famille moléculaire complémentaire, les pyrazines, qui sera détaillée en profondeur dans le tome II de *Papilles et Molécules*. Cette recette m'est venue rapidement en tête lorsque, dans le cadre de mes recherches, j'ai créé la famille des anisés. Stéphane l'a magnifiée en un tour de main, lui donnant un air contemporain, toujours en toute simplicité.

INGRÉDIENTS

4 carottes moyennes
Sel
30 ml (1/8 tasse) d'huile de crustacés (page 192)
5 g (1 c. à thé) de pimentón fumé et doux
250 ml (1 tasse) de jus de carotte frais
5 g (1 c. à thé) de lécithine de soya
1 pomme McIntosh
25 ml (1 c. à soupe, plus 2 c. à thé) d'huile d'olive
5 g (1 c. à thé) de graines de cumin
20 crevettes 41/50 décortiquées

PRÉPARATION

1. Laver, éplucher et tailler les carottes en dés. Les cuire à l'eau bouillante salée. Une fois les carottes tendres, les égoutter et les placer dans le bol du malaxeur. Ajouter l'huile de crustacés et le pimentón et mixer jusqu'à l'obtention d'une préparation lisse. Au besoin, rectifier l'assaisonnement. Réserver dans un contenant hermétique.
2. Faire tiédir le jus de carottes et ajouter la lécithine de soya. Réserver dans un bol.
3. Éplucher et tailler la pomme en petits dés, mettre dans un bol et ajouter 15 ml (1 c. à soupe) d'huile d'olive, du sel et les graines de cumin concassées. Couvrir et réserver au réfrigérateur.
4. Placer les crevettes dans un bol, ajouter 10 ml (2 c. à thé) d'huile d'olive et le sel.
5. Dans une poêle assez grande et très chaude, faire caraméliser les crevettes pour concentrer tous les goûts.

FINITION

Déposer sur une assiette de service une quenelle de purée de carottes, quelques cubes de pomme au cumin et les crevettes. Émulsionner l'écume de carotte. Prélever la mousse en surface et placer sur les crevettes.

Pistes harmoniques des liquides

Qui dit aliments au goût anisé et aux composés volatils de la famille des pyrazines, dit vins blancs tout aussi anisés, comme le sont ceux de la famille du sauvignon blanc, ainsi que la bière India Pale Ale, fortement houblonnée et à l'amertume décapante et rafraîchissante. Ne pas oublier le thé vert japonais sencha, plus particulièrement le sauvignon blanc des thés verts, l'Ashikubo (www.camellia-sinensis.com), au nez de fruit de la passion, de cerfeuil et de gazon fraîchement coupé, à la manière d'un sauvignon blanc tout comme d'un verdejo espagnol de rueda! Amusez-vous aussi avec les vins secs proches parents du sauvignon blanc non boisé, comme ceux à base de chenin blanc, de romorantin, de cortese, de greco di tufo, de godello, de verdejo, d'albarino, de vermentino et de grüner Veltliner, sans oublier certains rieslings et chablis.

Nous avons atteint l'harmonie parfaite lors de la création de cette recette avec :
Bière IPA : Cascade India Pale Ale, Brasseurs Illimités, Saint-Eustache, Québec
Vin blanc sec : Domaine des Huards 2008 Cheverny, Michel Gendrier, France

TAGLIATELLES À LA RÉGLISSE NOIRE, QUEUES DE LANGOUSTINES RÔTIES, TOMATES SÉCHÉES ET PETITS POIS

Pistes harmoniques des liquides

Si vous optez pour un blanc, voguez vers les cépages en mode anisé, comme le sauvignon blanc et ses cépages complémentaires (voir la liste de ces cépages dans les autres recettes de ce chapitre). La présence d'un crustacé dans cette *pasta* nous dirige aussi vers un vin rosé. Étant ici dans l'univers des saveurs anisées, il faut chercher un rosé à base de syrah. Enfin, malgré la langouste, il est possible de demeurer dans la zone de confort harmonique, si vous sélectionnez un vin rouge aux tanins fins et réglissés et au profil aromatique anisé comme le sont certains crus de mencia, de l'appellation Bierzo, tout comme de syrah venant du Rhône et du Languedoc.

Nous avons atteint l'harmonie parfaite lors de la création de cette recette avec :
Vin rosé : Pétale de Rose 2009 Côtes-de-Provence, Régine Sumeire, France
Vin rouge : Tilenus « Crianza » Mencia 2004 Bierzo, Bodegas Estefanía, Espagne

À partir des résultats de recherche que j'ai obtenus sur la réglisse et ses pouvoirs exhausteurs de saveurs et assouplisseurs de tanins, l'idée m'est venue de parfumer des pâtes italiennes. Lorsque j'en ai discuté avec Stéphane, l'idée de cette recette a rapidement germé entre nous. Si vous prenez le temps de laisser un brin caraméliser la sauce, vous serez en mesure de déguster et de ressentir ce que nous avons vécu lors de la création de cette composition. Cette pâte à la réglisse est tellement savoureuse qu'elle peut aussi servir à de multiples autres recettes en mode anisé, tout comme dans d'autres univers aromatiques comme celui des pyrazines (asperges vertes, pois verts, crevettes). Enfin, osez utiliser ces *pasta* réglissées dans ma simplissime recette de pâtes aux olives noires publiée dans le livre *À Table avec François Chartier*. Vous constaterez l'union tout aussi explosive entre l'olive noire confite et la réglisse – qui permet aussi le service d'un rouge de syrah/shiraz, soit dit en passant !

INGRÉDIENTS
Pour les pâtes
350 g (3/4 lb) de farine
1 jaune d'œuf
1 œuf entier
1 pincée de sel
3 g (1 c. à thé) de poudre de réglisse noire dure (type zan)
15 ml (1 c. à soupe) d'huile d'olive
60 ml (1/4 tasse) d'eau

60 ml (1/4 tasse) de petits pois frais
80 ml (1/3 tasse) de tomates confites
12 queues de langoustines
5 ml (1 c. à thé) d'huile d'olive
5 ml (1 c. à thé) de beurre salé
Sel et poivre

PRÉPARATION

1. Préparer les pâtes. Placer tous les ingrédients sauf l'eau dans la cuve d'un robot culinaire. Mélanger le tout et commencer à verser l'eau en filet. Au bout de quelques secondes, le mélange aura la texture d'une chapelure.

2. Déposer le mélange sur une surface de travail et pétrir la pâte pour obtenir une boule homogène. L'envelopper dans une pellicule plastique et laisser reposer au réfrigérateur pendant 30 minutes.

3. Séparer la pâte en 4 morceaux égaux et, à l'aide d'une machine à pâtes, abaisser. En partant de l'ouverture la plus grande jusqu'à la plus petite, étirer la pâte pour obtenir une mince bande. Tailler la bande en tagliatelles au couteau ou encore à l'aide d'une roulette à pâtes.

4. Disposer les tagliatelles sur une grille.

5. Dans une petite casserole d'eau salée, mettre les petits pois à blanchir quelques secondes. Transférer immédiatement dans un bol d'eau glacée pour arrêter la cuisson.

7. Tailler les tomates confites en julienne et les réserver pour la finition.

8. Décortiquer les langoustines en gardant le bout de la queue.

FINITION

Dans une casserole d'eau bouillante salée, mettre les pâtes à cuire (ajuster la cuisson suivant l'humidité des pâtes). Dans une poêle chaude, mettre l'huile d'olive et le beurre. Lorsque le beurre est mousseux, ajouter les queues de langoustines assaisonnées. Les faire dorer et retirer. Dans la même poêle, placer les petits pois ainsi que les tomates confites. Les faire revenir dans les sucs de cuisson, puis ajouter les pâtes. Faire chauffer le tout avec une petite quantité d'eau de cuisson. Rectifier l'assaisonnement. Servir et déguster.

SOTOLON

**DU VIN JAUNE AU CURRY,
UN MONDE DE SAVEURS À EXPLORER**

BARBE À PAPA,
BOUILLON DE BŒUF
CAFÉ
CASSONADE
CÉLERI CUIT
CHAMPIGNONS SÉCHÉS
CURRY
DATTE
FIGUE SÉCHÉE
GRAINES DE FENUGRE
HAVANE (FEUILLES INFUSÉE
LIVÊCHE
MADÈRE
MÉLASSE
NOIX GRILLÉES
PORTO TAWNY
POUDRE DE MALT
PRUNEAU
SAUCE SOYA
SEL DE CÉLERI
SIROP D'ÉRABLE
THÉS NOIRS FUMÉS ET
(WULONG ET PU-ERH)
VINAIGRE BALSAMIQU

SAUMON LAQUÉ SAUCE SOYA / VINAIGRE BALSAMIQUE

Pistes harmoniques des liquides

Cette recette étant inspirée par les ingrédients marqués par le sotolon, il faut donc opter pour des liquides abondant dans le même sens harmonique. Primo, question de créer des harmonies liquides inusitées, servez avec ce plat, dans une petite tasse à thé japonaise, soit une crème de champignons parfumée au café noir (utiliser notre recette *Vraie crème de champignons_Mc²*, à la page 63, mais changer la lavande par du café), soit un consommé de bœuf à la sauce soya. Leur profil sotolon s'unit à merveille avec la laque de ce saumon. Secundo, une bière noire tout comme une double porter fumée font aussi des merveilles avec cette création soya/balsamique. Tertio, les thés noirs cuits et fumés, comme ceux de la variété Wulong, sont aussi sur la même piste aromatique. Enfin, un vin blanc âgé, donc de quelques années de bouteilles et se montrant sous un profil légèrement oxydatif atteint aussi la zone de confort.

Nous avons atteint l'harmonie parfaite lors de la création de cette recette avec :

Bouillon : Crème de champignons parfumée au café noir (servie dans une petite tasse à thé japonaise)

Bière noire : Simple Malt Double Porter, Brasseurs Illimités, Saint-Eustache, Québec

Comme pour le *Petit poussin laqué* (page 49), la laque de cette recette a été inspirée par les ingrédients portant la signature moléculaire du sotolon, composé volatil dominant, entre autres, dans la sauce soya et dans le vinaigre balsamique. Vous pourriez aisément transformer cette laque en utilisant d'autres ingrédients de cette même famille, comme la bière noire, le bouillon de bœuf, le madère, la mélasse ou le sirop d'érable.

INGRÉDIENTS

60 ml (1/4 tasse) de vinaigre balsamique
60 ml (1/4 tasse) de sauce soya
10 ml (2 c. à thé) de cassonade
Dos de saumon frais (80 g ou 2,5 oz par personne en tapas ou en entrée / 150 g ou 1/3 lb par personne en plat de résistance)

Riz sauvage soufflé (page 80)

PRÉPARATION

1. Préparer la laque. Mettre dans une poêle le vinaigre balsamique, la sauce soya et la cassonade. Porter à ébullition et faire réduire de moitié.
2. Retirer la peau du saumon à l'aide d'un couteau souple. Réserver sur un plat.
3. Une fois la laque réduite, éteindre le feu et placer le saumon dans la poêle.
Note : comme dans toutes le recettes de poisson, il est important de cuire le saumon à basse température, donc très lentement, pour le garder rosé et tendre, et non sec.
4. Couvrir la poêle et laisser cuire le saumon avec la chaleur résiduelle, hors du feu, en le tournant toutes les 5 minutes.
5. Au bout d'environ 15 minutes (suivant l'épaisseur du morceau), découvrir la poêle.
6. Avant de servir, laquer le saumon et le mettre dans un four chaud quelques secondes pour lui redonner un coup de chaleur.

FINITION

Parsemer le saumon laqué de riz sauvage soufflé, et pourquoi pas de notre *Riz sauvage soufflé au café_Mc²* (page 80). L'essayer, c'est l'adopter !

PETIT POUSSIN LAQUÉ

Au retour du voyage de découvertes culinaires que Stéphane a effectué à Hong Kong et à Séoul, en novembre 2009, la technique du canard laqué s'est imposée comme une piste à suivre. Question d'adapter cette recette chinoise ancestrale à notre démarche, nous avons pigé dans les ingrédients aux arômes de la famille du sotolon, tel que décrit dans le tome I du livre *Papilles et Molécules*. Cassonade, rhum brun, sauce soya et sirop de Liège sont donc l'assise « sotolon » de la laque qui donne sa saveur singulière à cette nouvelle adaptation. Le girofle et le piment de la Jamaïque, qui partagent le même composé volatil dominant (l'eugénol), viennent s'interpénétrer avec brio dans les ingrédients de type sotolon, et donner du relief à ce plat facile à réaliser et à base d'aliments abordables. Enfin, ce plat se sert autant en tapas, avec des morceaux déjà coupés à déguster avec les doigts, qu'en entrée ou en plat de résistance.

INGRÉDIENTS

5 ml (1 c. à thé) de gros sel de mer

10 ml (1 c. à thé, plus 1 c. à thé) de piment de la Jamaïque moulu

3 clous de girofle

1 poussin fermier frais de 500 g ou 1 lb maximum

Note : il est possible d'effectuer cette recette avec un poulet de Cornouailles de même grosseur que le poussin ou un poulet classique (dans ce cas, adapter le temps de cuisson à la grosseur du poulet).

45 ml (3 c. à soupe) de rhum brun

30 ml (2 c. à soupe) de sauce soya

15 ml (1 c. à soupe) de sirop de Liège

2 g (1 c. à thé) de piment de la Jamaïque

15 ml (1 c. à soupe) de vinaigre de riz

10 ml (2 c. à thé) de cassonade

PRÉPARATION

1. La veille, dans une grande casserole, mettre de l'eau à bouillir avec le gros sel.

2. Couper le bout des pattes et des ailes du poussin.

3. Une fois l'eau frémissante, ajouter 5 ml (1 c. à thé) de piment de la Jamaïque et les clous de girofle.

4. Placer le poussin dans l'eau en prenant soin de bien l'immerger.

5. Dès que l'eau se remet à frémir, sortir le poussin et l'immerger dans un bain d'eau glacée pour arrêter la cuisson. Le mettre sur un papier absorbant. Placer au réfrigérateur.

6. Dans une petite casserole, mélanger tous les éléments pour le laquage, soit le rhum brun, la sauce soya, le sirop de Liège, 5 ml (1 c. à thé) de piment de la Jamaïque, le vinaigre de riz et la cassonade. Porter à frémissement. Déposer dans un petit contenant et placer au réfrigérateur.

7. Le lendemain, placer le poussin dans une poêle et le laquer à froid avec le mélange.

8. Préchauffer le four à 180°C (350°F). Y mettre la poêle contenant le poussin au milieu pendant 30 minutes et laquer la viande toutes les 10 minutes environ.

9. Au bout de 30 minutes, retirer le poussin de la poêle, déposer sur une assiette. Retirer l'excédent de laque de la poêle.

10. Remettre le poussin dans la poêle vide et le repasser au four pendant 15 minutes.

FINITION

Laisser tiédir le poussin avant de servir.

ACCOMPAGNEMENT

Osez servir ce poussin laqué avec la recette de *Noix de macadamia sablées au sirop d'érable et curry* (page 170). Le curry et le sirop d'érable étant aussi de la famille moléculaire du sotolon, l'union est magique, spécialement lorsque ce poussin est servi en tapas.

Pistes harmoniques des liquides

Premièrement, en matière d'harmonie avec les liquides, il y a ici possibilité de surprendre vos convives en servant ce plat accompagné d'une petite tasse de thé japonaise remplie de sauce à laquer chaude. Ils pourront y boire de petites lampées pendant le repas, tout comme faire trempette avec les morceaux de poussin. Chez les vins, il faut opter pour un vin blanc sec évolué, légèrement oxydatif, ayant développé des parfums de l'univers du sotolon. Les blancs du Midi, qu'ils soient du Rhône ou du Languedoc, sont à privilégier. Les xérès et montilla-moriles d'Espagne, de type amontillado, sont aussi à envisager. Enfin, c'est l'occasion de servir vos vins liquoreux de quelques années de bouteilles, qu'ils soient de Sauternes ou de Tokaji, car ils font des merveilles avec ce type de plat laqué.

Nous avons atteint l'harmonie parfaite lors de la création de cette recette avec :

Sauce : Tasse de thé japonaise remplie de la sauce à laquer chaude

Vins : Amontillado Carlos VII, Montilla-Moriles, Alvear, Espagne

et

Les Cèdres « Blanc » 1996 Châteauneuf-du-Pape, Paul Jaboulet Aîné, France

INGRÉDIENTS

Pour l'amlou
60 ml (1/4 tasse) de beurre d'amandes
15 ml (1 c. à soupe) de miel
5 ml (1 c. à thé) d'huile d'argane

Pour la gelée de xérès
125 ml (1/2 tasse) d'Amontillado Carlos VII,
    Montilla-Moriles, Alvear, Espagne
    (ou de xérès amontillado)
1 g (1/2 c. à thé) d'agar-agar

Pour la gelée d'espresso
125 ml (1/2 tasse) de café espresso
1 g (1/2 c. à thé) d'agar-agar

Pour la gelée de livèche
125 ml (1/2 tasse) d'eau
56 g (2 oz) de livèche ou céleri
1 g (1/2 c. à thé) d'agar-agar

4 queues de langoustes de 4 oz
15 ml (1 c. à soupe) d'huile d'olive
15 g (1 c. à soupe) de beurre
Sel
Branches de céleri

QUEUE DE LANGOUSTE GRILLÉE, CUBES DE GELÉES DE XÉRÈS, DE CAFÉ ET DE LIVÈCHE, TRAIT D'AMLOU ET CÔTES DE CÉLERI À LA VAPEUR

Autour des aliments et des liquides de la famille aromatique du sotolon, un puissant composé volatil, nous avons imaginé cette étonnante création. Deux pôles de saveurs donnent le ton à cet ensemble éclectique. Premièrement l'amlou, un beurre semi-liquide d'origine marocaine composé de beurre d'amandes et d'huile d'argan. Deuxièmement, le trio de gelées aux saveurs plus que percutantes. Une fois à table, l'idéal est de déguster la langouste avec un trait d'amlou, puis après d'y aller au hasard des bouchées en dégustant les gelées. J'ai eu le grand privilège de travailler avec certains des plus grands chefs du monde, ainsi que de manger aux plus grandes tables, mais jamais je n'ai pu être satisfait des gelées dégustées. Jamais les saveurs étaient aussi franches et expressives que dans le produit utilisé, et ce, plus particulièrement dans le cas des gelées à base de vin. Stéphane a enfin pu accoucher de la technique qu'il fallait pour magnifier l'univers des gelées.

PRÉPARATION

1. Préparer l'amlou. Dans un bol, mélanger tous les ingrédients au fouet. Une fois que le mélange est homogène, placer dans un récipient hermétique. Réserver.
2. Préparer la gelée de xérès. Dans une petite casserole, mettre le tiers de la mesure d'Amontadillo. Ajouter l'agar-agar et porter à ébullition. Cuire sans cesse de remuer au fouet pendant 2 minutes. Hors du feu ajouter le reste de l'Amontadillo froid, fouetter et verser le contenu de la casserole dans un plat de 10 cm (4 po) de côtés, pour que la gelée est une épaisseur de 2 cm (½ po). Placer au réfrigérateur.
3. Préparer les gelée de café espresso. Répéter les opérations de la préparation pour la gelée de xérès.
4. Préparer la gelée de livèche. Faire bouillir l'eau. Y infuser la livèche pendant 7 minutes. Filtrer. Réaliser la gelée en répétant les opérations de la préparation de la gelée de xérès ou de la gelée d'espresso.
5. Décortiquer les queues des langoustes. Piquer une brochette dans chacune d'elles pour qu'elles conservent leur forme allongée lors de la cuisson. Placer au réfrigérateur sur une assiette recouverte d'un papier absorbant.
6. Tailler les gelées en petits cubes réguliers.
7. Cuire quelques branches de céleri à la vapeur.

FINITION

Déposer dans le fond d'une assiette de service, une cuillerée d'amlou et quelques cubes de vos trois gelées (environ 4 de chaque sorte). Dans une poêle chaude, ajouter l'huile d'olive et le beurre. Une fois que le beurre est mousseux, ajouter les queues de langoustes. Faire dorer et finir la cuisson à feu moyen. Dresser sur l'assiette, ajouter les branches de céleri tièdes et arroser du jus de cuisson. Déguster.

Pistes harmoniques des liquides

Comme je vous le propose dans les autres créations de ce chapitre autour du sotolon, il faut sélectionner des liquides allant dans le même sens aromatique. Les gelées de café et de xérès qui accompagnent ce plat sont tellement plus vraies que nature, que vous pourriez vous contenter de ces gelées comme « liquides » harmoniques « à manger » pour créer l'accord avec cette composition… Vous avez compris que vous pourriez donc escorter l'ensemble avec succès, comme nous l'avons aussi essayé, soit d'un amontillado, qu'il soit de xérès ou de Montilla-Moriles, soit d'un café espresso. Mais là où l'accord a la plus grande résonance, vibrant dans tout notre corps (!), c'est avec un vin blanc sec du Jura, ayant quelques années de bouteilles, où un profil légèrement oxydatif permet la fusion de chaque élément de ce plat.

Nous avons atteint l'harmonie parfaite lors de la création de cette recette avec :
Vin blanc sec : La Mailloche 2000 Arbois, Stéphane Tissot, France

« CRAQUANT JACQUES_Mc^2 » : MAÏS SOUFFLÉ, CURRY ET SIROP D'ÉRABLE

L'idée de s'amuser à réinventer le très américain *Cracker Jack* de notre enfance nous est venue en travaillant la recette de *Ganache chocolat / Soyable_Mc^2* (page 166) où il manquait un petit quelque chose de craquant pour donner du relief à l'onctuosité de la ganache. Comme l'original *Cracker Jack* est à base de caramel, nous avons opté pour le sirop d'érable. Ce dernier étant dans la même famille aromatique que le curry, qui est le sotolon, le chemin était ainsi tracé pour dépoussiérer cette friandise. La beauté de la chose, c'est que vous pouvez conserver notre *Craquant Jacques_Mc^2*, accompagné d'une bonne bière rousse ou cuivrée, pour les incontrôlables montées de *munchies* pendant les longues soirées de cinéma, de hockey, de foot, de *Super Bowl* ou, encore mieux, en relisant Foglia pendant l'interminable curling olympique!).

INGRÉDIENTS
5 ml (1 c. à thé) d'huile végétale
75 g (1/3 tasse) de maïs à éclater
60 ml (1/4 tasse) de sirop d'érable clair
5 g (1 c. à thé) de curry de madras en poudre
1 pincée de sel

PRÉPARATION
1. Faire chauffer une grande casserole à fond épais. Y mettre l'huile végétale et les grains de maïs.
2. Couvrir aussitôt et brasser vigoureusement pour éviter que les grains du fond ne brûlent.
3. Quand les grains de maïs semblent tous éclatés, les placer dans un bol ou les étendre sur la surface de travail pour faire un tri rapide et retirer les grains non éclatés.
4. Dans la même casserole chaude, verser le sirop d'érable et faire réduire un court instant avant d'y remettre le *pop corn*. Le remuer pour l'enduire de caramel.
5. L'étaler sur la surface de travail et saupoudrer de curry et d'une pincée de sel avant de séparer les grains à l'aide d'une cuillère de bois. Laisser refroidir, et déguster. Servir aussi avec la recette de *Ganache chocolat / Soyable_Mc^2* (page 166).

Pistes harmoniques des liquides
Avec notre *Craquant Jacques_Mc^2*, vous devez vous diriger vers le même royaume harmonique des vins marqués par l'identité aromatique du sotolon, comme nous vous le proposons à la recette de *Ganache chocolat / Soyable_Mc^2* (page 166).

Nous avons atteint l'harmonie parfaite lors de la création de cette recette avec :
Bière : Boréale Cuivrée, Les Brasseurs du Nord, Blainville, Québec

« GELÉES_Mc^2 »

Pistes harmoniques des liquides

Comme ces gelées sont tellement plus vraies que nature, pourquoi ne pas vous amuser à les servir en guise de « liquides » harmoniques « solides », donc des harmonies « à manger » pour ainsi créer l'accord avec nos suggestions de canapés et de fromages ? Imaginez un instant avoir quatre ou cinq morceaux de fromage différents dans votre assiette, chacun escorté d'une gelée de vin différent pour créer l'accord parfait. L'expression « il y a à boire et à manger dans ce vin » prendra ici véritablement tout son sens !

Lors de la création de notre recette de *Queue de langouste grillée, cubes de gelées de xérès, de café et de livèche, trait d'amlou et côtes de céleri à la vapeur* (page 51), Stéphane m'a littéralement soufflé avec sa grande maîtrise des gelées. Enfin, un chef a pu accoucher de la technique qu'il fallait pour magnifier l'univers des gelées ! Comme je vous l'explique dans l'introduction de la recette en question, jamais jusqu'à ce jour je n'avais été satisfait des gelées dégustées dans les grands restaurants du monde. Inspiré par la piste aromatique du sotolon, Stéphane m'a présenté des gelées aux saveurs franches, précises et expressives à l'image du produit cuisiné. Ce plus particulièrement dans le cas des gelées à base de vin, trop souvent insignifiantes, n'ayant pas su conserver le gène aromatique du vin en question… Étant donné la saveur percutante de chacune des gelées effectuées avec la technique de Stéphane, nous vous proposons de sortir celles-ci du contexte originel de la *Queue de langouste*, pour vous suggérer d'utiliser ces gelées dans d'autres plats de la famille du sotolon, tout comme pour remplacer le vin accompagnant le fromage. Pourquoi ne pas « manger » le vin au lieu de la « boire » !

INGRÉDIENTS
Pour la gelée de xérès
125 ml (1/2 tasse) d'Amontillado Carlos VII, Montilla-Moriles, Alvear, Espagne
   (ou de xérès amontillado)
1 g (1/2 c. à thé) d'agar-agar

Pour la gelée d'espresso
125 ml (1/2 tasse) de café espresso
1 g (1/2 c. à thé) d'agar-agar

Pour la gelée de livèche
125 ml (1/2 tasse) d'eau
56 g (2 oz) de livèche ou céleri
1 g (1/2 c. à thé) d'agar-agar

PRÉPARATION

1. Préparer la gelée d'Amontillado. Dans une petite casserole, mettre le tiers de la mesure du liquide. Ajouter l'agar-agar et porter à ébullition. Cuire sans cesser de remuer au fouet pendant 2 minutes. Hors du feu ajouter le reste de l'Amontadillo froid, fouetter et verser le contenu de la casserole dans un plat de 10 cm (4 po) de côtés, pour que la gelée est une épaisseur de 2 cm (1/2 po). Placer au réfrigérateur.

Note : le *xérès amontillado* peut être remplacé par un *porto tawny* 10 ans ou 20 ans d'âge pour obtenir une gelée au porto.

2. Préparer les gelée de café espresso. Répéter les opérations de la préparation pour la gelée d'amontillado.

3. Préparer la gelé de livèche. Faire bouillir l'eau. Y infuser la livèche pendant 7 minutes. Filtrer. Réaliser la gelée en répétant les opérations de la préparation de la gelée d'amontadillo ou de la gelée de café espresso.

FINITION

Sortir les gelées du réfrigérateur environ 30 minutes avant de servir. Tailler les gelées en petits cubes réguliers. Servir.

SUGGESTIONS DE SERVICES

+ Canapés de jambon séché espagnol de qualité (serrano) et de gelée de xérès amontillado
+ Canapés d'asperges rôties et de cubes de gelée de xérès fino
+ Salade de fromage de chèvre sec et de cubes de gelée de livèche
+ Assiette de fromage bleus accompagnés de cubes de gelée de café
+ Assiette de fromages à pâte ferme vieillis, accompagnez de cubes de gelée d'amontillado
+ Assiette de fromage stilton accompagné de cubes de gelée de porto tawny 10 ans ou 20 ans

ANANAS CARAMÉLISÉ, CASSONADE, SAUCE SOYA, SAKÉ ET RÉGLISSE NOIRE, COPEAUX DE CHOCOLAT NOIR

Comme toutes les autres recettes de ce livre, « l'idée » de l'ananas caramélisé avait déjà été lancée dans le premier tome de *Papilles et Molécules*. Ici, nous avons associé les aliments complémentaires à l'ananas, tout comme ceux faisant partie de la famille moléculaire du sotolon (ananas caramélisé, sauce soya, cassonade, saké…). Il en résulte un dessert où le pouvoir d'attraction des multiples arômes crée un puissant effet de synergie. À quoi s'ajoute un jeu d'équilibre entre le salé de la sauce soya, l'amertume du chocolat noir, le sucre brûlé de la cassonade, la chaleur du saké et le pouvoir liant de la réglisse, qui vient aussi donner de la persistance aux autres aliments. Enfin, comme l'ananas partage avec la fraise plusieurs composés volatils, faisant d'eux des « jumeaux moléculaires », n'hésitez pas à remplacer l'ananas par la fraise dans cette recette. Ou tout simplement d'y ajouter quelques fraises.

INGRÉDIENTS

1 ananas mûr
7 g (1/2 c. à soupe) de cassonade
80 ml (1/3 tasse) de saké
80 ml (1/3 tasse) de sauce soya
Bâton de réglisse noire ou Réglisse molle à l'Australienne
(type *Le Choix du Président*).

PRÉPARATION

1. Éplucher l'ananas et retirer les yeux avec la pointe d'un économe. Le couper en 4 et, à l'aide d'un couteau, retirer le cœur fibreux et dur.
2. Dans une casserole munie d'un couvercle, mélanger tous les ingrédients, sauf l'ananas, et porter à ébullition.
3. Dans un four préchauffé à 150°C (300°F), plonger dans le sirop bouillant les quartiers d'ananas du côté épluché en premier, couvrir et mettre au four pour environ 10 minutes. Retourner les morceaux d'ananas, couvrir de nouveau et remettre au four. Prendre bien soin de lustrer les quartiers d'ananas toutes les 5 minutes.
4. Au bout de 15 minutes, sortir la casserole du four. Le glaçage doit avoir la texture d'un miel liquide, sinon le remettre au four encore quelques minutes.

FINITION

Laisser tiédir les quartiers d'ananas. Lustrer une dernière fois avec du sirop et râper du chocolat noir avant de servir.

Pistes harmoniques des liquides

Le choix harmonique en matière de vins et autres boissons est ici très varié, étant donné la présence des aliments de la famille du sotolon, que l'on trouve dans une kyrielle de vins et de boissons. Vous pourriez surprendre vos convives en servant une bière brune, à fort pourcentage d'alcool, disons à plus de 8 %, dans un verre évasé et à température élevée (plus ou moins 14°C). Les amateurs de vieux rhum brun seront aussi au comble, sans oublier ceux dont le saké fait vibrer leur fibre nippone ! Bien sûr, il y a tous les vins blancs liquoreux, provenant de raisins atteints de pourriture noble (*botrytis cinerea*), idéalement d'une dizaine d'années de bouteille, ainsi que les portos de type tawny, les madères de catégorie bual et malmsey, le vin santo, de même que les xérès amontillado et oloroso.

Nous avons atteint l'harmonie parfaite lors de la création de cette recette avec :
Birsalmas « 5 Puttonyos » 1991 Tokaji Aszú, The Royal Wine Tokaji Company, Hongrie

« QUÉBEC COFFEE_Mc² »

Inspiré de tous les cafés flambés (irlandais, espagnol, mexicain…), ce café a comme ingrédient de base le très québécois sirop d'érable. Il fallait nous doter d'un *Québec coffee*, les Irlandais, les Espagnols, les Brésiliens et les Mexicains ont bien le leur ! Tous les autres ingrédients utilisés (café espresso, amaretto, noix de coco et curry) portent la même signature aromatique que le sirop d'érable : celle de la famille moléculaire du sotolon, tel qu'expliqué en détail dans le tome I du livre *Papilles et Molécules*.

INGRÉDIENTS
10 ml (2 c. à thé) de sirop d'érable
Curry
1 café espresso allongé (moka Harrar)
5 ml (1 c. à thé) d'Amaretto Disaronno Originale Liqueur
5 ml (1 c. à thé) de gras de noix de coco (en conserve)
10 ml (2 c. à thé) de jus de coco (en conserve)
125 ml (1/2 tasse) de lait 3,25 %

PRÉPARATION
1. Dans une petite assiette, mettre du sirop d'érable et dans une autre, du curry.
2. Tremper le bord d'un verre dans le sirop; laisser couler l'excédent. Tremper ensuite dans le curry.
3. Dans le fond du verre, mettre le sirop d'érable. Faire un espresso allongé, puis lui ajouter l'Amaretto Disaronno Originale. Pour éviter que les liquides se mélangent et ainsi obtenir trois étages distincts, verser le café/Amaretto chaud dans le verre en le faisant glisser doucement sur le dos d'une cuillère placée au bord du verre.
4. Préparer la mousse de coco. Mélanger le gras de coco, le jus de coco et le lait. Faire mousser à la machine à cappucino comme on fait mousser le lait. La mousse peut aussi être préparée à la main. Dans une casserole, mettre tous les mêmes ingrédients. Faire tiédir puis émulsionner à l'aide d'un pied-mélangeur. Utiliser la technique du dos de la cuillère pour verser dans le verre et former la troisième strate.

FINITION
Saupoudrer de curry. Servir et déguster !

Pistes harmoniques des liquides
Si vous avez vraiment la dent sucrée, pourquoi ne pas servir notre *Québec coffee_Mc²* en accompagnement de notre délirant *Caramous_Mc²* (page 162) ? L'union de ce café avec ce caramel mou parfumé à l'érable « sans érable » est on ne peut plus parfaite – et richement sucrée !

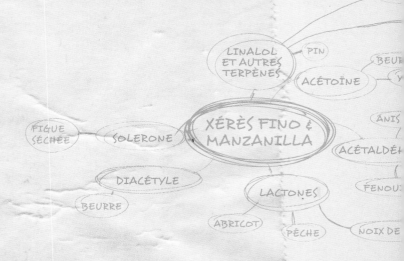

LINALOL
ET AUTRES
TERPÈNES

PIN

AGR...

BEUR...

ACÉTOÏNE

ANIS

XÉRÈS FINO &
MANZANILLA

FIGUE
SÉCHÉE

SOLERONE

ACÉTALDÉ...

DIACÉTYLE

FENOU...

BEURRE

LACTONES

ABRICOT

PÊCHE

NOIX DE

FINO ET OLOROSO

UN VOILE D'ARÔMES AVEC LES VINS DE XÉRÈS

MC2

vraie Crème de champignons
air de lavande,

ingrédients :   lait, bouillon de bœuf.
oignonS,
champignons de paris,
lavande

« VRAIE CRÈME DE CHAMPIGNONS_Mc^2 » : LAIT DE CHAMPIGNONS DE PARIS ET MOUSSE DE LAVANDE

« La simplicité n'empêche pas la créativité, la créativité n'empêche pas la simplicité… » Cette recette simplissime, mais novatrice, signe à elle seule ce leitmotiv qui a tracé les chemins de créations de notre ouvrage. Difficile de « faire plus simple » qu'une crème de champignons de Paris! Mais, par les recherches sur les molécules aromatiques des aliments, j'ai pu rassembler la lavande et le champignon de Paris, tous deux marqués par des composés volatils de même famille. Pourtant, de prime abord, rien ne semble les rapprocher. D'ailleurs, rarissimes sont les recettes qui les marient. Cette soupe prend son envol uniquement par la présence de la lavande qui, par son pouvoir d'attraction avec les molécules des champignons de Paris, vient créer une troisième dimension gustative. Cette soupe peut aussi bien être servie seule, tout comme en plus petite quantité en accompagnement « liquide » d'un autre plat aux molécules allant dans le même sens harmonique.

INGRÉDIENTS
1 l (4 tasses) d'eau
4 g (1/4 tasse) de lavande
5 ml (1 c. à thé) de lécithine de soya en poudre
1/2 oignon
1 barquette de champignons de Paris frais
500 ml (2 tasses) de lait 3,25 %
125 ml (1/2 tasse) de bouillon de bœuf clair
Sel de mer
Poivre blanc moulu

PRÉPARATION
1. Mettre l'eau à frémir dans une casserole. Hors du feu, jeter les fleurs de lavande, couvrir et laisser infuser pendant 10 minutes. Filtrer et ajouter la poudre de lécithine de soya. Réserver.
2. Dans une casserole à fond épais, faire revenir l'oignon émincé sans coloration. Rincer les champignons et les tailler en 4, les placer dans la casserole, ajouter le lait et le bouillon de bœuf. Assaisonner. Porter le tout à ébullition pendant 5 minutes.
3. Mixer la soupe à l'aide d'un pied-mélangeur, et passer à l'étamine. Réserver au réfrigérateur.
4. Émulsionner l'infusion de lavande avec le pied-mélangeur. Laisser reposer.

FINITION
Dans un verre ou une tasse, verser le lait de champignons au 3/4, puis poser la mousse de lavande à la surface. Hmmm!

Pistes harmoniques des liquides
Pour accompagner notre *Vraie crème de champignons_Mc²*, il vous faut partir sur la piste aromatique des vins et des boissons marqués par le linalol, l'une des molécules clés de l'union champignon de Paris / lavande. Le xérès fino et les vins de riesling vont dans cette direction. Pour avoir testé de nombreux rieslings sur cette soupe, qu'il soit léger et sec ou généreux et presque sucré, l'accord fonctionne à 100 % à tous coups. La bière India Pale Ale abonde aussi dans le même sens. Enfin, sachez que vous pouvez utiliser cette soupe, servie soit dans une petite tasse à thé japonaise ou dans une tasse à café espresso, comme liquide d'accompagnement d'un autre plat au même profil moléculaire. Essayez-la en accompagnement de nos recettes de *Pot-au-feu froid d'agneau cuit rosé, cubes de bouillon à la sauge, condiment au curcuma, sel de romarin* (page 143) et de *Pattes de pieuvre rôties, compote de tomates au thé noir, pamplemousse rose, lavande et safran du Maroc* (page 149).

Nous avons atteint l'harmonie parfaite lors de la création de cette recette avec :
Bière IPA : La Vache Folle « Double IPA Simcoe », Bière India Pale Ale, Microbrasserie Charlevoix, Québec
Vin blanc : Riesling Villa Maria Private Bin 2008 Marlborough, Nouvelle-Zélande
et
Riesling Schoenenbourg 2003 Alsace grand cru, Pierre Sparr et ses Fils, France

CHIPS DE JAMBON SERRANO, POMMADE DE NECTAR D'ABRICOT, CHAPELURE D'OREILLES DE CRISSE

Voici des tapas inspirées par et pour les composés aromatiques du xérès fino, tels que décrits dans le chapitre Fino et oloroso (voir tome I de *Papilles et Molécules*). La piste aromatique est donnée à la fois par les lactones, une famille de molécules aromatiques à l'odeur fruitée/crémeuse / lactée, que l'on trouve, entre autres, dans la viande de porc, ainsi que dans l'abricot, tout comme par l'acétaldéhyde, que l'on déniche aussi dans le porc, spécialement séché, vieilli et salé. Le résultat de cette recette simple et éclatant et craquant au possible! Enfin, autant les lactones que l'acétaldéhyde sont des composés dominants dans le xérès fino. Vous pourriez donc remplacer le nectar d'abricot par un autre aliment complémentaire au xérès fino, comme le sont entre autres le fenouil frais, la figue séchée, la noix de coco ou la pêche.

INGRÉDIENTS
4 tranches fines de jambon serrano
113 g (4 oz) de lard salé
500 ml (2 tasses) de nectar d'abricot
Jus de 1/2 citron
5 g (1/2 c. à soupe) d'agar-agar en poudre
750 ml (3 tasses) d'huile végétale

PRÉPARATION
1. Préchauffer le four à 110 °C (230 °F). Disposer les tranches de jambon sur une plaque à pâtisserie recouverte de papier parchemin. Recouvrir d'une autre feuille et d'une autre plaque pour que celle-ci fasse pression et garde les tranches bien droites. Mettre au four pendant 10 minutes. Il faut que les tranches soient croustillantes.
2. Tailler le lard en tranches fines, les placer dans une casserole d'eau bouillante et blanchir quelques secondes. Refroidir et placer à sécher sur un papier absorbant.
3. Dans une autre casserole, préparer un bain de friture. Une fois le bain chaud, plonger le lard blanchi et frire environ 6 minutes. Disposer ensuite sur un papier absorbant.
4. Mettre la moitié du nectare d'abricot et le jus de citron dans une casserole et ajouter l'agar-agar. Fouetter énergiquement pour le dissoudre. Porter à ébullition en fouettant constamment. Au bout de 3 minutes, ajouter le reste du jus. Verser dans un plat hermétique et placer au réfrigérateur 30 minutes.
5. Couper la gelée obtenue en petits dés. Placer dans un mélangeur et réduire en purée.

FINITION
Placer la purée dans une poche à pâtisserie avec douille unie. Disposer un peu de pommade d'abricots sur chaque tranche de jambon. Hacher grossièrement le lard. Saupoudrer sur le gel.

Pistes harmoniques des liquides
La piste harmonique de cette recette étant dirigée par les lactones et l'acétaldéhyde, présents dans les ingrédients utilisés, l'accord résonnera en mille avec un xérès fino de votre choix. Il serait possible aussi de voguer vers d'autres vins de voile secs provenant d'autres horizons, comme le Vin d'Autan du Domaine Plageoles, à Gaillac.

Il y a également les vins blancs secs très matures, de plusieurs années de bouteilles, ayant ainsi développé un profil légèrement oxydatif, comme peuvent l'être certains blancs de roussanne et/ou de marsanne, provenant du Rhône ou du Languedoc. Ils développent de puissants arômes de la famille des lactones et de l'acétaldéhyde. Idem pour certains bordeaux, dominés par le sémillon, après une dizaine d'années sous le bouchon.

Nous avons atteint l'harmonie parfaite lors de la création de cette recette avec :
Les Cèdres « Blanc » 1996 Châteauneuf-du-Pape, Paul Jaboulet Aînés, France

PÉTONCLES POÊLÉS, COUSCOUS DE NOIX DU BRÉSIL À L'ORANGE SANGUINE, YOGOURT AU GINGEMBRE

Cette version avec yogourt au gingembre, au lieu du lait de coco au gingembre, est inspirée de notre recette de *Pétoncles poêlés, couscous de noix du Brésil à l'orange sanguine, lait de coco au gingembre* (page 86), qui elle est du « sur mesure » pour les amateurs de vins blancs boisés au profil vin rouge. Le yogourt au gingembre donne ici une piste aromatique différente, ayant été inspiré par les aliments complémentaires au xérès fino. Le pétoncle fortement grillé, les noix du Brésil, le yogourt et le gingembre sont des ingrédients à privilégier lorsque vous désirez cuisiner pour créer l'accord avec l'unique et vibrant fino d'Andalousie. Vous pourriez aussi remplacer certains aliments de cette recette par les ingrédients suivants : amande, cannelle, noisette, poisson fumé, saké ou sel de céleri.

INGRÉDIENTS

12 pétoncles U10
50 g (1 tasse) de noix du Brésil
Le zeste et le jus de 1 orange sanguine
4 g (1 c. à thé) de gingembre frais râpé
125 ml (1/2 tasse) de yogourt nature genre Baltique
Sel, poivre
1 noisette de beurre salé
15 ml (1 c. à soupe) d'huile d'olive
Fleur de sel

PRÉPARATION

1. Retirer le muscle sur le côté des pétoncles, les placer sur un papier absorbant puis au réfrigérateur.

2. À l'aide d'une râpe à fromage, réduire les noix du Brésil en semoule fine.

3. Placer les zestes d'orange dans l'huile d'olive.

4. Râper le gingembre à l'aide d'une d'une microplane.

Note : cette opération sera plus facile si le gingembre est préalablement congelé.

5. Déposer le yogourt dans un bol, ajouter le gingembre, la moitié du jus d'orange sanguine, du sel et du poivre blanc moulu.

6. Placer la semoule de noix du Brésil dans un bol. Ajouter la moitié du mélange zestes/huile d'olive. Saler avec parcimonie.

7. Dans une poêle antiadhésive chaude, verser un filet d'huile d'olive ainsi que la noisette de beurre et saisir les pétoncles, 2 minutes de chaque côté.

Pistes harmoniques des liquides

Comme cette création provient du profil aromatique du xérès fino, l'harmonie doit être réalisée avant tout avec ce type de vin. Libre à vous de choisir votre fino favori. L'important est de ne pas le servir glacé, comme c'est trop souvent le cas. Une température autour de 12°C conviendra plus à épouser les saveurs de ce plat texturé. Partant de là, une myriade de vins oxydatifs de style xérès fino existe. Ces vins de voile sec se trouvent, entre autres, en Espagne, à Montilla-Moriles, ainsi que dans le Jura, avec le célèbre et singulier vin jaune.

Nous avons atteint l'harmonie parfaite lors de la création de cette recette avec :

Lustau Puerto Fino Solera Reserva, Xérès Fino, Emilio Lustau, Espagne
et
Alvear Capataz, Montilla-Moriles, Alvear, Espagne

FINITION

Placer sur une assiette le couscous de noix du Brésil, à côté la sauce au yogourt.
Sur chaque pétoncle, mettre quelques grains de fleur de sel et une petite cuillère
d'huile de zestes.

FILETS DE MAQUEREAU GRILLÉS ET MARINÉS À LA GRAINE DE CORIANDRE, MOUSSE DE RISOTTO FROID AU LAIT DE MUSCADE

Muscade et graines de coriandre ont donné la direction harmonique de cette création. Tous deux sont marqués, entre autres, par le solerone, un composé volatil qui signe fortement l'identité du xérès fino. Une bonne dose de muscade est nécessaire pour que le pouvoir d'attraction opère entre les ingrédients de cette recette. C'est elle qui crée la force électrique entre tous ces solides ainsi qu'avec les vins choisis. Comment savoir si la quantité de muscade est bonne? Il suffit de goûter. Si le poisson domine les autres saveurs, il faut râper à nouveau un brin de muscade jusqu'à ce que la chimie opère et que l'ensemble devienne un tout dont la saveur est plus grande et complexe que la somme de ses parties. Enfin, cette recette devient littéralement éclatante si vous osez y ajouter la recette *Riz sauvage soufflé au café_Mc²*, dans lequel vous saupoudrez un peu de muscade (page 80).

Pistes harmoniques des liquides

Les ingrédients dominants de cette recette étant marqués, entre autres, par le solerone – une molécule qui donne le ton au parfum des xérès de type fino et manzanilla –, il faut donc privilégier ce genre de vin de voile. D'ailleurs, tout comme les vins blancs présentant une certaine oxydation ménagée due à un plus ou moins long vieillissement en bouteilles. Les vins évolués de cépage grenache gris, romorantin et riesling peuvent aisément vous conduire dans la zone de confort harmonique, et peut-être même vous faire monter au sommet.

Nous avons atteint l'harmonie parfaite lors de la création de cette recette avec :

Manzanilla Papirusa Solera Reserva, Xérès Emilio Lustau, Espagne

et

Romorantin « Les Cailloux du Paradis » 1999, Vin de table, Claude Courtois, France

INGRÉDIENTS
15 ml (1 c. à soupe) de graines de coriandre

Pour la mousse de risotto
1/2 oignon jaune moyen
15 ml (1 c. à soupe) d'huile d'olive
110 g (1/2 tasse) de riz à risotto arborio
500 ml (2 tasses) de lait 3,25 %
Sel fin
250 ml (1 tasse) de bouillon de volaille
250 ml (1 tasse) de crème 35 %
1/3 de noix de muscade

4 beaux filets de maquereaux frais ou 2 gros maquereaux
15 ml (1 c. à soupe) d'huile d'olive
120 g (4 oz) d'épinards frais
Fleur de sel

PRÉPARATION

1. Concasser grossièrement les graines de coriandre dans un mortier. Les placer dans une poêle chaude environ 2 minutes en les remuant continuellement. Réserver dans une assiette.

Note : les graines ne doivent pas noircir auquel cas l'amertume sera trop prononcée.

2. Préparer la mousse de risotto. Dans une casserole à fond épais, faire suer l'oignon haché dans l'huile d'olive. Ajouter le riz et remuer pour enrober les grains d'huile. Ajouter le lait, le sel et le bouillon puis faire frémir pendant 17 minutes à couvert. Laisser reposer hors du feu 10 minutes.

3. Ajouter la crème et placer le mélange de riz dans le bol du malaxeur, râper la noix de muscade et réduire le tout en purée onctueuse. Passer à l'étamine fine.

4. Au besoin, rectifier l'assaisonnement en sel et placer dans un siphon, puis au réfrigérateur jusqu'à complet refroidissement. Charger le siphon de sa cartouche, puis conserver au froid jusqu'à la finition de la recette.

Note : le siphon et ses cartouches sont disponibles dans les magasins de matériel de cuisine, ou sur le site www.creamright.com

5. Placer les filets de poissons du côté peau sur un papier absorbant. Faire chauffer l'huile d'olive dans une poêle antiadhésive et déposer les filets de maquereaux sur le côté peau, saler du côté chair et saupoudrer de graines de coriandre grillées. Une fois que la peau des filets sera colorée, retirer la poêle du feu et laisser les poissons finir de cuire avec la chaleur résiduelle.

6. Dans une autre poêle, faire chauffer l'huile d'olive et faire tomber les épinards à basse température.

Note : les épinards doivent être assaisonnés en milieu de cuisson, une fois qu'ils ont réduit, afin de mieux calibrer la quantité nécessaire.

FINITION

Sur une assiette de service, placer des épinards. Y déposer un filet de maquereau cuit et tiède. Préparer une belle quenelle de mousse de risotto et la disposer sur le poisson. Parsemer de quelques grains de fleur de sel et de graines de coriandre.

MOUSSEUX AU CHOCOLAT NOIR ET THÉ LAPSANG SOUCHONG

Dans le livre *À table avec François Chartier*, je vous avais proposé, de façon intuitive, une tarte au chocolat parfumé au thé Lapsang Souchong. Mes récentes recherches sur les composés volatils de ce thé noir fumé de Chine m'ont confirmé le lien étroit que ce thé puissamment fumé entretient avec le chocolat noir à taux élevé de cacao. Dans le tome II de *Papilles et Molécules,* je vous tracerai un chapitre complet sur l'univers harmonique du Lapsang Souchong. Mais sachez déjà que dans ce plus que sensuel dessert, vous pourriez utiliser, en ajout ou en remplacement, certains aliments complémentaires à ce thé fumé, comme le café, le clou de girofle, les dattes, la fève tonka, la réglisse, le tabac et la vanille. À moins de créer un autre dessert à base de ce thé avec quelques-uns de ces aliments !

INGRÉDIENTS

150 g (1/3 lb) de chocolat noir à 72 % de cacao minimum
250 ml (1 tasse) de crème 35 %
6 g (1 c. à soupe) de thé Lapsang Souchong
1 œuf entier
1 jaune d'œuf

PRÉPARATION

1. Placer le chocolat noir concassé ou en pistoles dans un cul-de-poule.
2. Mettre la crème à bouillir dans une casserole. Y ajouter le thé pour le faire infuser pendant 5 minutes. Passer au chinois.
3. Verser la crème sur le chocolat petit à petit (en cinq fois) et le travailler après chaque ajout de crème avec une spatule de plastique.
4. Lorsque toute la crème est incorporée, mettre l'œuf entier et remuer à l'aide d'un fouet.
5. Ajouter le jaune d'oeuf, lisser de nouveau et placer au réfrigérateur.
6. Dans un moule de métal de 6 cm (2,5 po) de diamètre et chemisé de papier parchemin, placer 60 g (2 oz ou 2 c. à soupe) de la pâte à moelleux.
7. Dans un four préchauffé à 180 ℃ (350 ℉), cuire le moelleux pendant 13 minutes au milieu.
8. À la sortie du four, laisser reposer pendant 2 minutes.

FINITION

Démouler sur une assiette, puis servir.

Pistes harmoniques des liquides

Les vins et les boissons les plus riches en composés phénoliques (datte, figue séchée, vins boisés, xérès oloroso), en solerone (figue séchée, vin santo), en dimethyl pyrazine (cacao, café, thé fumé) et en coumarine (fève tonka, réglisse) sont ici à privilégier. Les thés noirs cuits et fumés, comme ceux de la variété Wulong, sont évidemment les premiers à créer un accord sur mesure tout comme certains cafés noirs serrés et passablement amers. Le xérès oloroso suit avec des accords pénétrants, tandis que le xérès amontillado, tout comme le montilla-moriles, dans sa version la plus riche, permet des unions complexes et émouvantes, jouant sur la corde raide de l'amertume. Enfin, un vin santo passablement évolué et au sucré modéré crée aussi le feu d'artifice attendu.

Nous avons atteint l'harmonie parfaite lors de la création de cette recette avec :

Amontillado Carlos VII, Montilla-Moriles, Alvear, Espagne
et Thé noir fumé Zheng Shan Xiao Zhong
(www.camellia-sinensis.com)

Bergamote, cannelle, eau de rose, figue fraîche et tangerine sont toutes marquées par la piste aromatique du linalol, molécule aux parfums à la fois floraux (lavande/muguet) et fruités (agrumes). Donc, il a été aisé de créer un dessert « linalol », inspiré à la base par cette molécule signant, entre autres, le xérès fino. Le linalol est aussi le principal composé aromatique des agrumes, du basilic doux européen, de la graine de coriandre, de la lavande et de la menthe, tous les ingrédients qui auraient pu être utilisés pour cette recette. Enfin, le linalol, principal terpène du muscat et du riesling, trouve un puissant écho dans la floralité terpénique du safran.

FIGUES FRAÎCHES CONFITES « LINALOL » : CANNELLE ET EAU DE ROSE, MOUSSE DE TANGERINE AU BABEURRE, HUILE DE THÉ À LA BERGAMOTE

INGRÉDIENTS

2 g (1 c. à thé) de thé Earl Grey
60 ml (1/4 tasse) d'huile d'olive
30 ml (2 c. à soupe) de concentré de jus d'orange
1 bâton de cannelle
45 ml (3 c. à soupe) d'eau de rose
6 figues fraîches
1 feuille de gélatine (2 g)
Le zeste de 1 tangerine non traitée
250 ml (1 tasse) de crème 35 %
125 ml (1/2 tasse) de babeurre
30 ml (2 c. à soupe) d'infusion de thé Earl Grey

Longs bâtons de cannelle
Cassonade

PRÉPARATION

1. La veille. Dans une théière, rincer à l'eau chaude le thé Earl Grey pendant 1 minute. Sortir le filtre et déposer le marc de thé dans un récipient muni d'un couvercle. Recouvrir le tout avec l'huile et laisser infuser pendant toute la nuit.
2. Dans une petite casserole, mettre le concentré de jus d'orange, la cannelle et l'eau de rose. Porter à ébullition et ajouter les figues équeutées et taillées en deux du côté de la chair. Laisser frémir le tout pendant 5 minutes. Couvrir et retirer du feu.
3. Mettre à tremper la feuille de gélatine dans un bol d'eau froide.
4. Placer la moitié de la crème à chauffer ajouter les zestes de tangerine et la feuille de gélatine. Laisser infuser pendant 5 minutes et verser dans un bol. Rajouter le reste de la crème froide et le babeurre. Filtrer dans une étamine fine.
5. Placer le tout dans un siphon et réserver au réfrigérateur jusqu'à complet refroidissement.

Note : le siphon et ses cartouches sont disponibles dans les magasins de matériel de cuisine, ou sur le site www.creamright.com

FINITION

Tailler les bâtons de cannelle pour qu'ils aient la taille de brochettes. Piquer 3 demi-figues sur une brochette et placer sur une assiette de service. Charger le siphon de sa cartouche, secouer pour obtenir un mousse onctueuse. Placer une quantité de mousse dans un bol et en faire une quenelle à déposer sur les figues. Ajouter quelques grains de cassonade et un filet d'huile de thé à la bergamote.

Pistes harmoniques des liquides

Pour accompagner avec brio cette création florale, il faut partir sur la piste aromatique des vins et des boissons marqués par le linalol, la molécule clé de cet assemblage. Les vins de cépage muscat sont les plus riches en parfums floraux/fruités de cette famille. Privilégiez donc avant tout les jeunes muscats doux, comme le Muscat-de-Rivesaltes ou de Corse, ainsi que le Moscato d'Asti, le Moscato de Pantelleria et le Moscatel de Setubal. Puis, éventuellement, aventurez-vous chez un xérès fino, pour jouer de contraste avec ce vin sec, mais on ne peut plus linalol, tout comme chez les vendanges tardives de riesling et de gewürztraminer.

Nous avons atteint l'harmonie parfaite lors de la création de cette recette avec :

San Michele 2007 Moscato d'Asti, Bersano, Italie
et
Gran Feudo « Blanco Dulce de Moscatel » 2005 Navarra, Bodegas Julian Chivite, Espagne

CARRÉ AUX FIGUES SÉCHÉES, CRÈME FUMÉE, CASSONADE À LA RÉGLISSE

Pistes harmoniques des liquides

Figue, fumée, sucre caramélisé et réglisse nous conduisent tout droit vers un madère, tout comme vers un thé Wulong cuit, au goût à la fois fumé et torréfié. Les aventureux du goût peuvent aussi s'amuser avec un xérès oloroso, tout comme avec un vin doux naturel français blanc, non muscaté et longuement vieilli, c'est-à-dire à base de grenache blanc, entre autres la fabuleuse Cuvée Aimé Cazes 1978 Rivesaltes, Domaine Cazes.

Nous avons atteint l'harmonie parfaite lors de la création de cette recette avec :

Thé Wulong Pinglin Bao Zhong 1985 Taiwan (www.camellia-sinensis.com)

et

Single Harvest 1995 Madère, Henriques & Henriques, Portugal

INGRÉDIENTS

200 g (7 oz) de figues séchées
250 ml (1 tasse) d'eau
65 g (1/3 tasse) de sucre
Le zeste de 1/2 orange
200 g (2 tasses) de flocons d'avoine
150 g (1 tasse) de farine tout usage
130 g (3/4 tasse) de cassonade
6 oz (3/4 tasse) de beurre pommade
250 ml (1 tasse) de crème 35 %
5 ml (1 c. à thé) de Lapsang Souchong
Bâton de réglisse ou Réglisse molle à l'Australienne (type *Le Choix du Président*)

PRÉPARATION

1. Équeuter et tailler les figues en 8 quartiers.

2. Dans une casserole, faire bouillir l'eau, le sucre et les zestes d'orange. Ajouter les figues et laisser réduire à frémissement aux trois quarts.

3. À l'aide d'un pied-mélangeur, mixer les figues pour obtenir une compote. Réserver.

4. Dans un grand bol, mettre les flocons d'avoine, la farine et la cassonade. Mélanger le tout.

5. Ajouter le beurre pommade et sabler le mélange avec une spatule ou avec les doigts. Laisser quelques gros morceaux.

6. Dans un plat rectangulaire, disposer la moitié de la préparation de croustade et la tasser légèrement à l'aide d'une spatule.

7. Verser la compote de figues et la répartir uniformément.

8. Saupoudrer le reste de croustade et tasser avec les doigts.

9. Préchauffer le four à 160°C (325°F) et cuire pendant 40 minutes au milieu du four. Sortir et laisser refroidir.

10. Préparer la crème fumée. Dans une casserole, mettre la crème 35 % à chauffer. La retirer du feu et y faire infuser le thé fumé pendant 5 minutes. Filtrer et mettre la crème au frais.

11. Lorsque la crème est bien froide, battre avec un fouet pour obtenir une Chantilly.

FINITION

Tailler une tranche du carré, placer en surface une quenelle de Chantilly fumée, râper de la réglisse sur le dessus.

Ce dessert a été créé à l'occasion des lancements de *La Sélection Chartier 2009*. Ce carré aux figues, qui clôturait le menu de huit tapas (voir menu complet à la page 211 du tome I de *Papilles et Molécules*), a été inspiré par la piste aromatique que nous avons nommée « La fumée dans le goût », créé par des aliments mariant divers composés volatils comme le solerone, les lactones, le furfural et la coumarine.

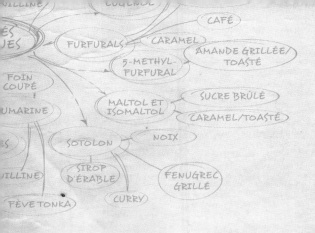

CAFÉ

FURFURALS — CARAMEL

5-METHYL-
FURFURAL — AMANDE GRILLÉE/
TOASTÉ

FOIN
COUPÉ

MALTOL ET
ISOMALTOL — SUCRE BRÛLÉ

UMARINE

CARAMEL/TOASTÉ

SOTOLON — NOIX

VILLINE
SIROP
D'ÉRABLE

FENUGREC
GRILLÉ

FÈVE TONKA — CURRY

CHÊNE ET BARRIQUE

LE MAESTRO DES ARÔMES ET L'EXHAUSTEUR DE GOÛT

Pendant nos achats de victuailles, Stéphane et moi sommes tombés sur un pot de feuilles de vigne, lequel nous a fait sourire en même temps, car, comme c'est toujours le cas dans notre relation « moléculaire » (…), nous avons pensé exactement la même chose : pourquoi ne pas revisiter les feuilles de vigne farcies, façon Mc² ? Ne restait plus qu'à trouver comment les transformer pour leur enlever leur goût acide et salé, puis dénicher les aliments de même famille, les pyrazines (voir détails sur les pyrazines dans l'introduction de la recette *Asperges vertes rôties, enrobées de chocolat noir* (page 222).

Colorer les feuilles de vigne à la poêle permet d'utiliser des aliments aux saveurs torréfiées, puis de marier le tout à des vins boisés et… rouges ! Eh oui, oubliez les aigres et salées feuilles de vigne traditionnelles et cuisinez celles-ci, pensées pour les amateurs de rouges élevés en barriques. Enfin, la découverte de cette recette, c'est l'utilisation du riz sauvage soufflé auquel est ajouté du café, créant un puissant lien harmonique avec les autres aliments de la recette, tout comme avec le vin rouge. Ce petit condiment fait des merveilles avec de multiples recettes, devenant le catalyseur des vins rouges et de certaines bières brunes et noires avec ces recettes. Enivrant et déstabilisant, tout en étant simple comme bonjour !

« FEUILLES DE VIGNE FARCIES_Mc^2 » : RIZ SAUVAGE SOUFFLÉ, BACON DE SANGLIER, SIROP DE RIZ BRUN/CAFÉ

INGRÉDIENTS

8 feuilles de vigne en saumure 150 g
150 g (1/3 lb) de bacon de sanglier séché fumé
   (ou recette du bacon fumé, page 89)
15 g (1 c. à soupe) de beurre salé
1 oignon moyen
250 ml (1 tasse) de riz sauvage soufflé (page 80)
4 g (1 c. à thé) de café moulu
15 ml (1 c. à soupe) de sirop de riz brun
15 ml (1 c. à soupe) d'huile d'olive
56 g (2 oz) de vieux cheddar 4 ans

PRÉPARATION

1. Dans une casserole d'eau bouillante, blanchir les feuilles de vignes quelques secondes pour les dessaler. Transférer immédiatement dans un bol rempli d'eau glacée pour arrêter la cuisson. Réserver.

2. Dans une casserole à fond épais, faire dorer le bacon de sanglier coupé en petits dés dans le beurre, ajouter l'oignon haché et faire suer.

3. Dans un bol, mettre le riz sauvage soufflé, le café moulu et le sirop de riz brun. Mélanger le tout et ajouter le mélange bacon/oignon chaud.

4. Sortir les feuilles de vigne de l'eau et les sécher sur un papier absorbant. Les placer ensuite sur la surface de travail, tiges vers soi, en prenant soin de les couper s'il y lieu. Déposer 15 ml (1 c. à soupe) de farce au centre de chacune, puis rabattre les côtés et rouler le tout pour obtenir un rouleau fermé à ses extrémités.

5. Faire chauffer l'huile d'olive dans une poêle et y déposer les feuilles de vigne avec soin pour qu'elles ne s'ouvrent pas.

6. Une fois les rouleaux bien colorés, les retourner et laisser colorer l'autre côté.

FINITION

Placer les rouleaux dans une assiette de service avec quelques copeaux de vieux cheddar.

Note : vous pouvez aussi simplement placer le riz sauvage soufflé au café entre deux bonnes tranches de vieux cheddar 4 ans d'âge, et déguster ainsi. Vous serez renversé par l'union belle entre le fromage et ce condiment. Poussez plus loin la gourmandise en y ajoutant aussi la farce de ces feuilles de vigne, et là, vous serez émerveillé comme nous l'avons été !

Pistes harmoniques des liquides

La façon dont nous avons traité les feuilles de vigne et les aliments de la farce, ainsi que le riz soufflé, nous conduit tout droit vers un vin rouge aux tanins chauds et au boisé au profil aromatique américain. C'est très souvent le cas pour les crus espagnols de la Rioja, mais aussi pour toutes les cuvées de style moderne, au boisé ambitieux, pécialement celles à base de merlot, de sangiovese et/ou de cabernet. Avec cette recette, vous démontrerez à vos amis de dégustation qu'il est possible de boire des « gros » rouges avec nos *Feuilles de vigne farcies_Mc^2*, tout en leur enseignant le principe du pouvoir d'attraction qui permet de cuisiner certains aliments ensemble, tout comme de les harmoniser à certains vins. Enfin, notez que l'ajout facultatif, avant le service, de quelques copeaux de vieux fromage cheddar de 4 ans d'âge, rehausse la saveur de cette recette, tout en renforçant l'harmonie avec le vin rouge.

Nous avons atteint l'harmonie parfaite lors de la création de cette recette avec :
La Montesa 2006 Rioja, Bodega Palacios Remondo, Espagne
et
Lucente 2006 Toscana, Luce della Vite, Italie

« RIZ SAUVAGE SOUFFLÉ AU CAFÉ_Mc² »

Pistes harmoniques des liquides

Ce petit condiment fait des merveilles avec de multiples recettes, devenant le catalyseur des vins rouges et de certaines bières brunes et noires. Comme je vous le suggère dans la recette de nos *Feuilles de vigne farcies Mc2*, ce riz sauvage soufflé au café nous conduit tout droit vers un vin rouge aux tanins chauds et au boisé au profil aromatique américain, comme le sont souvent les crus espagnols de la Rioja, mais aussi toutes les cuvées de style moderne, au boisé ambitieux. Spécialement celles à base de merlot, de sangiovese et/ou de cabernet. Le plus beau, c'est que ce riz est un puissant assouplisseur de tanins!

Nous avons atteint l'harmonie parfaite lors de la création de cette recette avec :
La Montesa 2006 Rioja, Bodega Palacios Remondo, Espagne

Lors de nos séances de création culinaire, certains éléments de recettes se sont révélés tellement inspirants que nous n'avons pu résister à l'idée de les faire évoluer et de leur donner l'avant-scène. Lors de la réalisation de nos *Feuilles de vigne farcies_Mc²* (page 79), nous avons accouché de cette union riz sauvage et café, deux ingrédients de même famille aromatique, donc au pouvoir d'attraction important. Et c'est simple comme bonjour, en plus : du riz sauvage frit à la seconde, dans une huile très chaude, devenant ainsi soufflé comme par magie, auquel est ajouté du café. Le résultat crée un puissant lien harmonique avec les autres aliments de la recette tout comme avec le vin rouge qui l'escortera. Ce petit condiment fait vraiment des merveilles avec de multiples recettes comme les *Filets de maquereau grillés et marinés à la graine de coriandre, mousse de risotto froid au lait de muscade* (page 68), le *Saumon laqué sauce soya/vinaigre balsamique* (page 46) et les *Asperges vertes rôties, enrobées de chocolat noir* (page 222).

INGRÉDIENTS
500 ml (2 tasses) d'huile végétale
50 g (1/3 tasse) de riz sauvage
Sel
Café moulu

PRÉPARATION
1. Faire chauffer l'huile dans une casserole haute jusqu'à ce qu'elle soit presque fumante.
2. Y jeter la moitié du riz et attendre qu'il remonte à la surface.
3. Récupérer le riz soufflé à l'aide d'une passoire fine. Recommencer l'opération avec le reste du riz.
Note : comme dans toutes les recettes de friture, l'eau et l'huile chaude ne font pas bon ménage. Il faudra porter une attention particulière à toutes les manipulations et surtout prendre son temps.
4. Placer le riz soufflé sur un papier absorbant. Ajouter le sel et le café.
Note : vous pouvez utiliser ce riz dans des recettes de viande rouge, comme le canard, le bœuf et les gibiers, dans un plat mijoté au vin rouge, et pourquoi pas avec un poisson grillé comme le thon ou le marlin. Osez l'utiliser dans les desserts comme sur une mousse au chocolat noir, un praliné et tous les desserts à base de café.

« SAUMON FUMÉ_Mc^2 »

L'idée derrière cette création est de développer des composés volatils fumés d'érable dans le saumon, afin que ces molécules aromatiques puissent entrer en accord avec les vins blancs élevés en barriques de chêne. Tel qu'expliqué dans le tome I du livre *Papilles et Molécules*, le sirop d'érable et les vins élevés en barriques de chêne partagent un profil aromatique jumeau. En accompagnement, vous pouvez sélectionner des aliments complémentaires au sirop d'érable, comme le sont l'amande grillée, l'ananas grillé, les champignons grillés, le curry, la noix de coco grillée, la sauce soya, la vanille, les tacos cuits et même le maïs soufflé!

INGRÉDIENTS
150 g (1 tasse) de gros sel de mer
100 g (3/4 tasse) de cassonade
1 filet de saumon frais avec la peau sans arêtes
Briquettes de charbon
Bran de scie d'érable

PRÉPARATION
1. La veille, mélanger ensemble le gros sel et la cassonade. En verser une petite quantité dans le fond d'un plat creux et coucher le filet de saumon dessus. Étendre le reste de la préparation sur le dessus du filet. Couvrir d'une pellicule plastique et mettre au réfrigérateur pendant 8 heures.
2. Le lendemain, sortir le saumon du liquide qui se sera formé et le rincer à l'eau claire. Le placer sur un papier absorbant.
3. Faire rougir hors du barbecue 5 briquettes de charbon (dans un foyer extérieur ou tout autre endroit sécuritaire).
4. Une fois les charbons ardents, les mettre avec une pince dans un coin d'un plat en acier inoxydable ou en métal et verser un sac de bran de scie en découvrant la surface des charbons pour leur donner de l'oxygène. Souffler sur les chardons pour démarrer la fumée et l'alimenter.
Note : il est préférable d'utiliser un plat en acier inoxydable. Si le plat est en métal, il est essentiel qu'il soit exempt de vernis, colle ou peinture.
5. Placer le plat dans le fond du barbecue froid (non préchauffé), et laisser fumer 2 minutes.
6. Déposer le filet de saumon sur la grille du haut et faire fumer pendant au moins 1 heure 30 minutes.
Note : une simple bouffée d'air suffira à réanimer les charbons.
7. À la fin du fumage, envelopper le filet dans une pellicule plastique et garder au réfrigérateur. Consommer froid.

Pistes harmoniques des liquides
Comme l'érable est la piste aromatique qui est à la base de la création de cette recette, il vous faut choisir avant tout des vins élevés en barriques de chêne – le sirop d'érable et les vins élevés en barriques de chêne partagent le même profil aromatique. Mais vous pouvez aussi servir une bière brune ou rousse de l'une de vos microbrasseries du Québec préférées, tout comme un xérès amontillado, sans oublier un surprenant saké Nigori. Une version laiteuse du saké, à plus ou moins 12 % d'alcool et aux saveurs lactées d'amande et de graines de sésame grillées. Servi froid, ce type de saké fait des merveilles lorsqu'il y a, dans une recette, de l'érable.

Nous avons atteint l'harmonie parfaite lors de la création de cette recette avec :
Saké : Saké Nigori Sayuri, Hakutsuru Sake Brewing, Japon
Bière : MacKroken Flower Le Bilboquet, Scotch Ale au Miel, Bilboquet Microbrasserie, Saint-Hyacinthe, Québec
Vin blanc sec : Chardonnay Scotchmans Hill 2006 Geelong, Scotchmans Hill, Australie

« SAUMON FUMÉ SANS FUMÉE_Mc^2 » : AU THÉ NOIR FUMÉ LAPSANG SOUCHONG

Rien de plus simple et d'amusant que de fumer du saumon à froid « sans fumée »… avec une macération de saumure à base de feuilles de thé noir fumé Lapsang Souchong. C'est tout! Vous pourriez remplacer le puissant Lapsang Souchong par un thé noir fumé plus fin et plus subtil comme le Zheng Shan Xiao Zhong. Le résultat sera aussi plus raffiné, tout en étant passablement moins puissamment fumé. Question de goût.

INGRÉDIENTS
150 g (1 tasse) de gros sel de mer
100 g (3/4 tasse) de cassonade
7 g (1/4 tasse) de thé noir fumé Lapsang Souchong
1 filet de saumon frais avec la peau

PRÉPARATION
1. Dans un bol, mettre le sel et la cassonade ainsi que les feuilles de thé Lapsang Souchong, préalablement rincées quelques secondes à l'eau bouillante pour libérer les arômes.
2. Placer une pellicule plastique sur la surface de travail et saupoudrer d'une petite quantité de la saumure préparée.
3. Placer le saumon du côté peau sur cette saumure et étaler le reste sur la chair du poisson.
4. Rabattre les bords de la pellicule pour que le tout soit hermétiquement fermé.
5. Mettre au réfrigérateur pendant environ 12 heures.
6. Sortir le saumon de son enveloppe et rincer à grande eau. Bien éponger.
7. Replacer le filet de saumon au réfrigérateur.

FINITION
Trancher au moment de servir et déposer sur une assiette de service.

Pistes harmoniques des liquides
Les thés noirs cuits et fumés, comme certains thés de la variété Wulong, sont évidemment les premiers à créer un accord sur mesure avec ce saumon fumé « sans fumée ». Un amontillado sec permet des unions encore plus complexes et émouvantes, jouant à la fois sur la fumée et l'amertume. Dans le même registre, une bière noire double porter, fumée à souhait, en fera craquer plus d'un. Enfin, complètement à l'autre bout du spectre fumé, mais immensément vibrant, pour ne pas dire électrisant, servez un riesling alsacien de noble origine et minérale à souhait. Sa minéralité fera résonner la subtile note fumée de ce fumage « sans fumée ».

Nous avons atteint l'harmonie parfaite lors de la création de cette recette avec :
Thé noir fumé : Zheng Shan Xiao Zhong, Chine (www.camellia-sinensis.com)
Bière noire : Simple Malt Double Porter, Brasseurs Illimités, Saint-Eustache, Québec
Vin blanc : Riesling Wehlener Sonnenuhr Kabinett 2002 Mosel-Saar-Ruwer, Weingut S. A. Prüm, Allemagne

PÉTONCLES POÊLÉS, COUSCOUS DE NOIX DU BRÉSIL À L'ORANGE SANGUINE, LAIT DE COCO AU GINGEMBRE

Pistes harmoniques des liquides

Comme tous les aliments sont complémentaires aux vins ayant séjourné en barriques, il faut partir sur cette piste harmonique en servant, à température plus fraîche que froide, à plus ou moins 14°C, tous vos blancs aromatiques, amples, généreux et légèrement boisés. Ce à quoi répondent avec aplomb les blancs du Midi de la France, à base de roussanne, tout comme de grenache blanc et de marsanne, auxquels s'ajoutent bien sûr les chouchous de chardonnays, idéalement du Nouveau Monde, ainsi que les blancs dominés par le sémillon blanc. Enfin, comme la piste aromatique de ce plat est celle des parfums apportés par la barrique, osez un rouge, aux tanins souples et au boisé à l'avant-scène, comme peuvent l'être certains pinots noirs du Nouveau Monde. La beauté de la chose est que vous pourriez avoir sur la table différents vins blancs et rouges, de même famille, et l'harmonie serait au rendez-vous avec chacun de ces vins!

Nous avons atteint l'harmonie parfaite lors de la création de cette recette avec :

Vins blancs : Les Fiefs d'Aupenac 2008 Saint-Chinian « Roquebrun », France
et
Chardonnay Le Clos Jordanne Village Réserve 2006 Niagara Peninsula VQA, Canada

Vin rouge : Pinot Noir Eola Hills 2008 Oregon, Eola Hills Wine Cellars, États-Unis

Du « sur mesure » pour les amateurs de vins rouges amples, texturés et boisés, mais qui, en saison estivale, pourront accompagner ce plat avec un vin… blanc pour amateur de rouge! Le pétoncle poêlé, les noix du Brésil, la noix de coco et le gingembre sont des aliments complémentaires aux vins ayant séjourné en fûts de chêne. Le couscous de noix du Brésil se réalise en un tour de main, à cru, et magnifie la saveur de cette noix qui, pourtant, lorsque croquée nature, n'a pas beaucoup de saveur… Donc, une recette simple, mais qui n'empêche pas la créativité.

INGRÉDIENTS

12 pétoncles U10
50 g (1 tasse) de noix du Brésil
Le zeste de 1 orange sanguine
30 ml (2 c. à soupe) d'huile d'olive
4 g (1 c. thé) de gingembre frais râpé
1 boîte de lait de coco en conserve
Le jus de 1/2 lime
Sel, poivre blanc moulu
Filet d'huile d'olive
Fleur de sel

PRÉPARATION

1. Retirer le muscle sur le côté des pétoncles et les placer sur un papier absorbant puis au réfrigérateur.

2. À l'aide d'une râpe à fromage, réduire les noix du Brésil en semoule fine.

3. Placer les zestes dans l'huile d'olive.

4. Râper le gingembre en à l'aide d'une microplane.

Note : cette opération sera plus facile si le gingembre est préalablement congelé.

5. Déposer le lait de coco dans une petite casserole. Ajouter le gingembre et le jus de lime. Assaisonner. Chauffer le tout, puis émulsionner à l'aide d'un batteur à main. Récupérer la mousse qui se formera à la surface.

6. Placer la semoule de noix du Brésil dans un bol. Ajouter la moitié du mélange zestes / huile d'olive. Saler avec parcimonie.

7. Dans une poêle antiadhésive chaude, verser un filet d'huile d'olive et saisir les pétoncles, 2 minutes de chaque côté.

FINITION

Placer sur une assiette le couscous de noix du Brésil, les pétoncles caramélisés et l'émulsion de lait de coco à la lime. Sur chaque pétoncle, mettre quelques grains de fleur de sel et une petite cuillerée d'huile de zestes restante.

Une recette pour faire de l'effet à l'heure du BBQ. Sur la piste aromatique des vins élevés en barriques de chêne, Stéphane a sélectionné quelques ingrédients de même famille que les arômes que procure aux vins le chêne des barriques. À débuter par le porc et ses saveurs fruitées de lactones rappelant, comme chez les vins boisés, la noix de coco. Le flanc de porc a été choisi, puis traité comme du bacon, dans une saumure de mélasse, de cassonade, de sauce soya et de clous de girofle, tous des ingrédients complémentaires aux vins élevés en barriques. Il a ensuite été dessalé dans un sirop de mélasse et de rhum brun, le tout fumé au BBQ avec des copeaux de pommier pendant plus de 3 heures… Le résultat de ce « bacon » est plus que juteux, judicieusement salé-sucré, aux parfums de fumée dominants, sans l'être trop. Cochon, vous dites? Attendez de l'avoir goûté dans un sandwich style *smoked meat*!

FLANC DE PORC « FAÇON BACON » FUMÉ AU BOIS DE POMMIER, MÉLASSE, SAUCE SOYA, RHUM ET CLOUS DE GIROFLE

INGRÉDIENTS

5 litres (10 tasses, plus 10 tasses) d'eau
250 ml (1 tasse) de gros sel de mer
8 g (1/2 tasse) de cassonade
160 ml (1/3 tasse, plus 1/3 tasse) de mélasse
60 ml (1/4 tasse) de sauce soya
6 clous de girofle concassés
1 flanc de porc de 2 kilos (4 lb)
80 ml (1/3 tasse) de rhum brun

PRÉPARATION

1. Dans une grande casserole, mettre 2,5 l (10 tasses) d'eau, le gros sel, la cassonade, 80 ml (1/3 tasse) de mélasse, la sauce soya et les clous de girofle. Porter à ébullition. Réserver au réfrigérateur jusqu'à complet refroidissement.
2. Une fois le liquide bien froid, y plonger le flanc de porc qui aura été piqué à l'aide d'une fourchette et taillé en deux pièces égales.
3. Couvrir d'une petite assiette pour que les morceaux soient complètement immergés et laisser mariner pendant 8 heures au froid.
4. Sortir la viande et la rincer. Réserver la marinade.
5. Dans un grand bol, mettre 2,5 l (10 tasses) d'eau froide, 80 ml (1/3 tasse) de mélasse et le rhum brun. Remuer pour dissolution complète de la mélasse. Y plonger la viande. Laisser reposer 1 heure pour dessaler.
6. Mettre une des grilles de côté et préchauffer le barbecue à chaleur vive. Poser une assiette en aluminium remplie de copeaux de pommier imbibés de marinade (1 sac de copeaux pour 250 ml ou 1 tasse de liquide). Attendre que la fumaison commence.
7. Éteindre un côté du BBQ et baisser le second au minimum. Placer la viande du côté graisse sur la grille la plus haute du côté éteint et fermer le couvercle. Placer une autre assiette en aluminium sous la viande afin de récupérer la graisse fondue. La chaleur diminuera tranquillement et ensuite la cuisson se fera à basse température.
8. Laisser les flancs fumer un minimum de 3 heures, ou suivant l'épaisseur des pièces. Au cours du fumage, vérifier l'état des copeaux et recharger au besoin.
9. Au bout de 3 heures de fumage, retirer les flancs et mettre à refroidir. Recouvrir ensuite d'une pellicule plastique et réserver au réfrigérateur.
Note : cette recette peut aussi bien se déguster chaude au repas ou en bacon dans des recettes. Bon appétit.

Pistes harmoniques des liquides

Les saveurs dominantes de ce plus que cochon flanc de porc « façon bacon » étant la fumée et le clou de girofle, il faut opter pour des vins – blancs ou rouges – ayant séjourné en barriques de chêne. Les blancs du Nouveau Monde, passablement riches, texturés et dotés d'un fruité rappelant les lactones du porc, ainsi que de notes boisées jouant dans l'univers de la fumée et du girofle, sont à privilégier. Optez pour des chardonnays et des viogniers, ainsi que pour des assemblages roussanne, marsanne et/ou grenache blanc. En rouge, priorisez les espagnols de la Rioja, de Cariñena et du Priorat, tout comme les crus du Douro, surtout si vous dégustez ce bacon de flanc de porc en sandwich style *smoked meat*!

Nous avons atteint l'harmonie parfaite lors de la création de cette recette avec :
Vin blanc : L'Argile 1999 Vin de Pays de la Côte Vermeille, Domaine de la Rectorie, France
Vin rouge : Quinta da Gaivosa 2003 Douro, Domingos Alves de Sousa, Portugal

AMANDES APÉRITIVES À L'ESPAGNOLE : PIMENTÓN FUMÉ, MIEL ET HUILE D'OLIVE

Pistes harmoniques des liquides

Les vins élevés longuement en barriques de chêne développent le même genre de composés volatils que les amandes grillées et le pimentón fumé qui dominent cette composition. Le xérès amontillado sec, tout comme l'amontillado de Montilla-Moriles, est la piste la plus intéressante à suivre pour que l'attraction des parfums opère. Un vin blanc sec élevé en barriques et âgé, donc ayant plusieurs années de bouteille, abondera aussi dans le même sens harmonique. Enfin, une bière noire fumée, comme un double porter, fera aussi sensation.

Nous avons atteint l'harmonie parfaite lors de la création de cette recette avec :

Amontillado Carlos VII, Montilla-Moriles, Alvear, Espagne

Difficile d'être plus emblématique de l'Espagne que le pimentón fumé, les amandes et l'huile d'olive! Comme les amandes, une fois bien mélangées aux ingrédients, sont cuites au four, elles développent des molécules aromatiques de la famille des vins élevés en barriques de chêne, tout comme de celle des pyrazines, exactement le type de composés qui signent le pimentón fumé et l'huile d'olive. La magie aromatique opère à fond dans cette simplissime recette.

INGRÉDIENTS

120 g (1 tasse) d'amandes avec la peau

15 ml (1 c. à soupe) de miel

15 ml (1 c. à soupe) d'huile d'olive extra vierge

30 ml (2 c. à soupe) de pimentón fumé doux

7 g (1/2 c. à soupe) d'ail en poudre

22 g (1 1/2 c. à thé) de fleur de sel

PRÉPARATION

1. Dans un bol, mettre les amandes avec le miel et l'huile. Bien mélanger avec une spatule de bois.

2. Ajouter toutes les épices et remuer de nouveau.

3. Étendre les amandes sur une plaque à pâtisserie et placer dans un four préchauffé à 160°C (325°F) pendant 10 minutes.

4. À la sortie du four, disposer les amandes sur une feuille de papier ciré. Laisser refroidir.

FINITION

Une fois complètement froides, placer les amandes dans un contenant hermétique. À déguster devant une bonne corrida. Olé!

CACAHOUÈTES APÉRITIVES À L'AMÉRICAINE : SIROP D'ÉRABLE, CANNELLE, ZESTES D'ORANGE ET PIMENT CHIPOTLE FUMÉ

Pistes harmoniques des liquides

Pour calmer le feu du chipotle, comme de tous les piments forts, il est bon de rappeler que la capsaïcine (molécule feu des piments) est insoluble dans l'eau. Ce qui veut dire que l'eau n'éteint pas le feu, mais le rallume ! La capsaïcine est plutôt soluble dans les matières grasses, comme le lait, dans le sucre et dans l'alcool. Il faut donc un vin ou une boisson qui soit sucrée ou généreuse en alcool. Dans le cas de ces noix, comme il y a deux aliments dominants qui sont aussi de la famille des pyrazines (cacahouètes et chipotle), optez pour un vin de cette tonalité, comme le sont les sauvignons blancs vendanges tardives. Pour boire plus sec, un généreux rosé du Nouveau Monde fait aussi un accord électrisant.

Nous avons atteint l'harmonie parfaite lors de la création de cette recette avec :
Vin rosé : Vin Gris de Cigare 2009 California, Bonny Doon Vineyards, États-Unis

Pour atteindre un profil américanisé avec ces cacahuètes, dont les composés volatils sont de la famille des pyrazines, nous avons emprunté la piste aromatique des aliments complémentaires à la capsaïcine, qui est la molécule feu des piments, question de donner du piquant et du fumé à ces noix avec un zeste hispanique. Le sirop d'érable lie les saveurs de cette recette avec brio, celui-ci étant un des ingrédients complémentaires aux chaleureux piments forts tout comme aux parfums des vins élevés en barriques.

INGRÉDIENTS
130 g (1 tasse) de cacahouètes salées
Le zeste de 1/2 orange de Floride
10 ml (2 c. à thé) de sirop d'érable
8 gouttes de piment chipotle fumé liquide
10 ml (2 c. à thé) de cannelle fraîchement moulue
2,5 ml (1/2 c. à thé) de sel fin

PRÉPARATION
1. Mettre tous les ingrédients dans un bol et remuer pour bien enrober les cacahouètes. Les disposer sur une plaque à pâtisserie et les placer dans un four préchauffé à 160°C (325°F) pendant 14 minutes.
2. À la sortie du four, faire refroidir les cacahouètes sur une feuille de papier ciré.

Dégustez ces arachides lors d'un match de football ou lors d'un… rodéo texan. HIIIIII! HA!

NOIX DE CAJOU APÉRITIVES À LA JAPONAISE « SOYABLE_Mc^2 » : HUILE DE SÉSAME, GINGEMBRE ET GRAINES DE CORIANDRE

Tout comme la recette de *Ganache chocolat/Soyable_Mc^2*, (voir recette à la page 166), cette version nippone de nos trois recettes à base de noix nous a été inspirée par l'idée de décliner notre savoureuse sauce *Soyable_Mc^2* (page 165), qui provient de l'univers aromatique du sirop d'érable et des parfums des vins élevés en barriques. À vous d'imaginer où vous aimeriez retrouver le goût de cette sauce et ainsi l'incorporer à vos recettes. Pourquoi pas avec des ailes de poulet? Ici, nous y avons ajouté de l'huile de sésame, du gingembre et des graines de coriandre, ingrédients qui se lient à la perfection au trio de saveurs noix/érable/soya.

INGRÉDIENTS
125 g (1 tasse) de noix de cajou salées
10 ml (2 c. à thé) de Soyable_Mc^2 (page 165)
8 gouttes d'huile de wasabi (épicerie asiatique)
5 ml (1 c. à thé) de fleur de sel
5 ml (1 c. à thé) de gingembre râpé frais
5 ml (1 c. à thé) de graines de coriandre concassées
5 ml (1 c. à thé) de sauce aux huîtres

PRÉPARATION
1. Mettre tous les ingrédients dans un bol et remuer pour bien enrober les noix.
2. Les disposer sur une plaque à pâtisserie et les placer dans un four préchauffé à 160°C (325°F) pendant 14 minutes.
3. À la sortie du four, faire refroidir les noix sur une feuille de papier ciré.

Dégustez ces noix de cajou en lisant les inspirés mangas Les Gouttes de Dieu. Banzai!

Pistes harmoniques des liquides
La présence de l'huile de sésame, du gingembre et des graines de coriandre, qui viennent parfumer à souhait la base noix/érable/soya, nous guide vers le saké Nigori, une version laiteuse, à plus ou moins seulement 12 % d'alcool et aux saveurs lactées d'amande et de graines de sésame grillées. Servi froid, ce type de saké fait des merveilles lorsqu'il y a de l'érable, du sésame grillé et/ou du gingembre dans une recette. Et qui dit gingembre et huile de sésame, tout comme noix/érable/soya, dit aussi vieux rhum brun. Ce à quoi répond avec panache une bière *scotch ale*. Enfin, si vous avez le privilège d'avoir en cave quelques flacons de champagne âgé, donc de quelques années de bouteilles, passablement évolué, c'est le moment de faire sauter le bouchon!

Nous avons atteint l'harmonie parfaite lors de la création de cette recette avec :
Saké : Saké Nigori Sayuri, Hakutsuru Sake Brewing, Japon
Bière : Simple Malt Scotch Ale, Brasseurs Illimités, Saint-Eustache, Québec

BŒUF

DE L'ÉLEVAGE À LA CUISSON

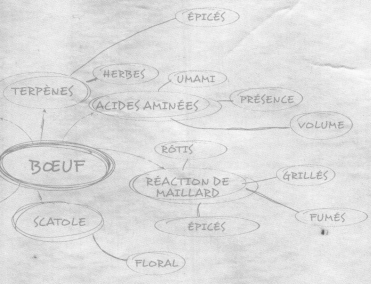

ÉPICÉS

HERBES   UMAMI

TERPÈNES   ACIDES AMINÉES   PRÉSENCE

VOLUME

RÔTIS

BŒUF   RÉACTION DE   GRILLÉS
MAILLARD

SCATOLE   ÉPICÉS   FUMÉS

FLORAL

Stéphane et moi avons littéralement déliré sur les molécules aromatiques engendrées par la viande de bœuf… Un délire contrôlé, bien sûr! La viande de bœuf est composée de multiples molécules volatiles, dont une molécule particulière, le scatole, qui, en faible quantité, se traduit par une odeur de fleur. Il est plutôt amusant de constater que le scatole présent dans le bœuf est aussi très utilisé en parfumerie. Pour être plus précis, le scatole fait partie de la famille « indole », ces molécules aromatiques à odeurs, entre autres, de fleur d'oranger, de jasmin, de betterave et de jujube (*ziziphus mauritania*). De la fleur d'oranger au baklava, il n'y

avait qu'un pas à franchir! Sans compter que l'idée de marier des saveurs florales au bœuf nous semblait à la fois schizophrénique et inspirante. Ce maelstrom d'idées nous a conduits vers ces bonbons de baklava de bœuf, étonnants d'équilibre, à l'attaque florale, au miel subtil et aux parfums d'une allonge interminable. Amusez-vous à les servir en plat de résistance, en annonçant à vos convives uniquement « baklava », en oubliant d'ajouter le mot « bœuf »… Interloqué, vous dites? Ce n'est rien, attendez de constater les vins tous azimuts que nous vous proposons en fin de recette…

BAKLAVAS DE BŒUF EN BONBONS, MIEL DE MENTHE À LA LAVANDE ET EAU DE GÉRANIUM, VIANDE DE GRISON

INGRÉDIENTS

4 tranches de filet de bœuf de 2 cm (3/4 po) d'épaisseur
60 ml (1/4 tasse) de miel à la menthe
1 noisette de beurre salé
60 ml (1/4 tasse) d'eau de géranium
1 g (1 c. à thé) de fleurs de lavande
1 paquet de feuilles phyllo surgelé
3 tranches de viande de grison très fines

PRÉPARATION

1. Dans une poêle antiadhésive très chaude, marquer les tranches de filet de bœuf, pour obtenir une coloration prononcée.
Note : la chaleur ne doit pas venir cuire la viande, mais juste former une croûte grillée (réaction de Maillard).
2. Pour arrêter la cuisson rapidement, placer le bœuf au réfrigérateur sur une assiette froide.
3. Dans une poêle, mettre le miel et le beurre, ajouter l'eau de géranium et les fleurs de lavande. Laisser frémir 2 minutes et verser dans un petit contenant. Laisser refroidir.
4. Étaler une feuille de pâte phyllo sur la surface de travail. À l'aide d'un pinceau, enduire la pâte de la préparation de miel. Placer une autre feuille de pâte sur le dessus et répéter l'opération jusqu'à l'obtention de quatre feuilles d'épaisseur.
5. Tailler les morceaux de boeuf dans le sens de la longueur, pour former des rectangles de plus ou moins 10 cm (4 po) de long, par plus ou moins 2 cm (3/4 po) de côté. Les placer bout à bout sur la largeur de la feuille de pâte phyllo et rouler.
7. Faire un tour complet (4 faces) en serrant bien, de façon que le bœuf soit bien collé sur la feuille.
8. Avant de commencer un second tour complet, placer une petite languette de viande de grison préalablement coupée à la taille de la pièce de viande.
9. Une fois les deux tours complétés, couper l'excédent de pâte avec un couteau et pincer pour refermer.

FINITION

Juste avant de servir, faire dorer les baklavas sur toutes les faces. À la sortie de la poêle, lustrer les baklavas avec le miel à l'aide d'un pinceau. Servir.

Pistes harmoniques des liquides

Comme la lavande et le géranium sont dominants dans cette recette inusitée, il fallait choisir des vins au caractère floral affirmé. Nous avons donc servi ce bœuf avec… un vin blanc sec de gewürztraminer ! L'accord vibrant avec ce style de vin redonne le caractère *beefy* au bœuf et magnifie ses notes florales, spécialement de géranium. Vos convives en seront « bluffés ». Mais là ne s'arrête pas le jeu harmonique. Osez servir ces bonbons en avant-dessert, accompagnés d'un vin sucré, à base de muscat. Vous verrez, l'union est tout aussi belle, mais plus *sweet*, si je peux me permettre. D'ailleurs, il est bon d'augmenter sensiblement la dose de miel lorsque vous optez pour le muscat. Enfin, il est tout à fait possible de servir un vin rouge, et ce, même s'il y a du miel dans cette recette. Le pouvoir d'attraction entre les molécules florales du bœuf et celles de la lavande et du géranium suffit à catalyser les composés volatils du vin en question, pour ainsi permettre un accord à la fois sur le fruit et sur les fleurs. Servez soit un rouge espagnol du Bierzo, à base de mencia, soit un pinot noir californien ou néo-zélandais, vous en serez estomaqué.

Nous avons atteint l'harmonie parfaite lors de la création de cette recette avec :
Blanc sec : Gewürztraminer Cuvée Théo 2001 Alsace, Domaine Weinbach, France
Blanc liquoreux : Muscat 2007 Muscat de Limnos, Limnos Wines, Grèce
Rouge : Pétalos 2004 Bierzo, Descendientes de J. Palacios, Espagne

« BALLOUNE DE MOZZARELLA_Mc^2 » : À L'AIR DE CLOU DE GIROFLE, ÉCLATS DE VIANDE DE GRISON ET PIMENT D'ESPELETTE

Pistes harmoniques des liquides

Beau défi que de trouver le liquide parfait pour créer l'harmonie avec notre balloune. En regardant la photo de cette recette, les indices semblent plutôt minces pour trouver la piste harmonique. Pourtant, tous les ingrédients sont de mêmes familles : celle du bœuf et du clou de girofle. Et comme vous le savez maintenant, multiples sont les vins pour réussir l'attraction avec ces aliments, que le vin soit blanc ou rouge…

Comme je vous le démontre au fil de ce livre, ainsi que dans le tome I de *Papilles et Molécules*, lorsque le pouvoir d'attraction aromatique est au rendez-vous, l'accord va au-delà des bases classiques (acidité, tanins, sucré…). Pour preuve, que vous serviez un chardonnay boisé du Nouveau Monde ou un rouge espagnol de la Rioja, élevé longuement en barriques de chêne, en partie d'origine américaine, vous atteindrez à tous coups le nirvana harmonique.

Nous avons atteint l'harmonie parfaite lors de la création de cette recette avec :
Vin blanc : Chardonnay Mission Hill « Reserve » 2006 Okanagan Valley VQA, Canada
Vin rouge : Collection 125 Gran Reserva 1996 Navarra, Bodegas Julian Chivite, Espagne

INGRÉDIENTS

60 ml (1/4 tasse) d'eau
14 g (1 c. à soupe) de clous de girofle écrasés
2 boules de mozzarella de bufflonne
2 tranches de viande de grison
2,5 g (1/2 c. à thé) de piment d'Espelette
5 ml (1 c. à thé) d'huile d'olive

PRÉPARATION

1. Dans une casserole, mettre l'eau à bouillir et ajouter les clous de girofle. Verser dans un siphon et le fermer. Mettre la cartouche, sans retourner le siphon (pour ne pas obstruer le trou). Placer dans un bain-marie chaud, mais pas bouillant.
Note : le siphon et ses cartouches sont disponibles dans les magasins de matériel de cuisine, ou sur le site www.creamright.com.
2. Égoutter les boules de mozzarella. Les tailler en 2. Placer un morceau dans un ramequin et mettre au micro-ondes pendant 25 à 30 secondes à puissance moyenne. Le morceau doit avoir une texture qui se situe entre la gomme à mâcher et la fondue au fromage.
Note : mettre des gants de latex. C'est chaud !
3. Étirer le fromage et le placer sur le bec du siphon. Appuyer doucement pour faire sortir l'air de clou de girofle et former une bulle.
Note : l'air doit être chaud pour faciliter le gonflage.
4. Répéter l'opération avec les trois autres morceaux de mozzarella.
5. Dans une poêle chaude, faire revenir la viande de grison préalablement taillée en julienne fine. Une fois croustillante, la placer sur une assiette recouverte d'un papier absorbant.

FINITION

Placer les ballounes de mozzarella dans le fond d'une assiette creuse. Verser l'huile d'olive sur la surface des bulles et saupoudrer de piment d'Espelette. Y poser délicatement de la viande de grison croustillante.

Quoi de plus ludique que de faire des ballounes avec « son manger » ! Avec un retour à l'enfance en tête, armé du siphon à Chantilly transformé en siphon à « air » et à « espuma » au début des années 90 par le grand chef Ferran Adrià du elBulli, Stéphane a imaginé cette *Balloune de mozzarella_Mc²*, à partir de la piste harmonique des aliments complémentaires au bœuf et au clou de girofle. Une recette qui semble complexe à première vue, mais qui se montre d'une simplicité désarmante. Pour bien se mettre en bouche notre « balloune », il faut ouvrir grand la bouche (…), puis mordre en même temps que l'on inspire de l'air, afin que l'air de clou de girofle pénètre en bouche et fasse son travail d'attraction moléculaire entre la mozzarella, la viande et le piment.

BŒUF DE LA FERME EUMATIMI FROTTÉ À LA CANNELLE AVANT CUISSON, COMPOTE D'OIGNONS BRUNIS AU FOUR ET PARFUMÉE À LA PÂTE D'ANCHOIS SALÉS

Comme les anchois et les oignons sont des ingrédients complémentaires au bœuf, donc partageant certains de ses acides aminés (umami), et que le bœuf fait partie de la liste des aliments complémentaires à la cannelle, la piste de créativité était ici toute tracée entre terre et mer… Il ne restait plus qu'à s'assurer que le bœuf soit très torréfié par l'action de la cuisson, afin de bien mettre à l'avant-scène son profil « umami » (par l'action de la réaction de Maillard), ce qui lui procure du « oumf ». Et de faire de même avec les oignons de la compote, préalablement brunis au four.

INGRÉDIENTS

3 gros oignons jaunes
15 ml (1 c. à soupe) d'huile d'olive
10 ml (1 c. à thé, plus 1 c. à thé) de beurre salé
1/2 pomme de terre à chair jaune en dés
375 ml (1 1/2 tasse) de bouillon de bœuf maison non salé
20 ml (1 1/2 c. à soupe) de pâte d'anchois
900 g (2 lb) de bavette de bœuf Prime de la Ferme Eumatimi
5 ml (1 c. à thé) de cannelle en poudre
Sel fin
5 ml (1 c. à thé) d'huile végétale

PRÉPARATION

1. Peler et émincer les oignons finement. Dans une poêle chaude, mettre l'huile et 5 ml (1 c. à thé) de beurre à chauffer. Y déposer les oignons et les faire dorer.
2. Ajouter les dés de pomme de terre.
3. Déglacer avec le bouillon de bœuf et cuire jusqu'à ce qu'il ne reste presque plus de liquide. Ajouter la pâte d'anchois et placer le mélange dans le bol du malaxeur. Réduire le tout en une purée lisse. Passer dans un tamis fin. Réserver.
4. Frotter la pièce de viande avec la cannelle et assaisonner avec le sel fin.
5. Dans une poêle en fonte ou simplement à fond épais, faire chauffer l'huile végétale et ajouter 5 ml (1 c. à thé) de beurre.
6. Déposer la viande dans la poêle et cuire 7 minutes de chaque côté ou en proportion avec l'épaisseur de la bavette.

FINITION

Laisser reposer la viande 6 minutes avant de servir. Accompagner idéalement de pommes de terre ratte rôties.

Pistes harmoniques des liquides

Parmi la liste des vins complémentaires au bœuf ainsi cuit, tout comme à la cannelle, il y a ceux de pinot noir, provenant du Nouveau Monde, et ceux de garnacha, issus d'Espagne. Donc, en priorité, des rouges de régions chaudes, aux tanins chauds et mûrs et aux saveurs un brin boisées – le chêne des barriques étant porteur d'arômes torréfiés résultant de la réaction de Maillard, c'est-à-dire d'une cuisson à haute température des acides aminés et des sucres contenus dans le bois (comme dans le bœuf). Enfin, comme vous vous en doutez, une bière noire est tout indiquée aussi (voir détails à la recette de *Crabe des neiges…*, page 229).

Nous avons atteint l'harmonie parfaite lors de la création de cette recette avec :
Vins rouges : Pinot Noir Churton 2007 Marlborough, Nouvelle-Zélande et Atteca Old Vines 2007 Calatayud, Espagne
Bière : Boréale Noire, Les Brasseurs du Nord, Blainville, Québec

Mes recherches sur la structure moléculaire des aliments me permettent de rassembler des aliments complémentaires pour cuisiner. Partant du principe, nous avons cuisiné le boeuf avec le cacao, qui nous a à son tour mis sur la piste de la sauce *mole* mexicaine, à base de chocolat, de haricots et d'épices. Nous avons ajouté la noix de coco et le mélange cinq-épices, tous deux dans la même famille aromatique que le bœuf grillé et le cacao. En accompagnement, nous avons choisi des ingrédients complémentaires au bœuf, soit la betterave rouge et les champignons. Vous pourriez tout aussi bien opter pour des asperges rôties au four, des tomates séchées ou du riz sauvage et vous amuser à créer une version « terre et mer » soit avec du crabe, soit avec du thon.

FILET DE BŒUF DE LA FERME EUMATIMI SAUCE *MOLE* MEXICAINE À LA NOIX DE COCO ET AU CINQ-ÉPICES

INGRÉDIENTS

Pour la sauce *mole*

1 oignon
3 tomates mûres
20 g (1/2 c. à soupe) de sucre cassonade
65 ml (1/4 de tasse) de vinaigre balsamique
375 ml (1 1/2 tasse) de bouillon de bœuf
1 feuille de laurier
4 g (2 c. à thé) de cinq-épices moulu
Piment Chipotle au goût
8 g (1/2 c. à soupe) de cacao en poudre

4 médaillons de filet de bœuf de la ferme Eumatimi (environ 600 g ou 1 1/3 lb)
15 ml (1 c. à soupe) d'huile de canola
1 noisette de beurre salé
3 betteraves rouges crues
3 tasses (8 oz) de champignons blancs tranchés
20 g (1/3 tasse) de copeaux de noix de coco grillée
Sel et poivre

PRÉPARATION

1. Préparer la sauce *mole*. Dans une casserole à fond épais, faire colorer l'oignon émincé, ajouter les tomates taillées en 8 et la cassonade.
2. Déglacer avec le vinaigre balsamique et faire réduire de moitié.
3. Ajouter le bouillon de bœuf et la feuille de laurier. Porter à ébullition et faire mijoter pendant 10 minutes, puis ajouter le reste des épices.
4. Placer le mélange dans une passoire fine pour ne récupérer que le liquide.
5. Dans une autre casserole, porter le liquide passé à la passoire à ébullition . Retirer du feu et ajouter le cacao en poudre en remuant à l'aide d'un fouet. Couvrir d'une pellicule plastique et réserver.
6. Faire cuire le filet de bœuf assaisonné dans une poêle très chaude avec l'huile et le beurre.

FINITION

Cuire les betteraves taillées en tranches dans l'eau salée, puis les faire revenir dans la poêle de cuisson du bœuf. Placer dans le fond d'une assiette de service les betteraves et les champignons préalablement sautés, déposer le bœuf, napper de sauce *mole* et émietter les copeaux de noix de coco.

Pistes harmoniques des liquides

Tous les aliments de cette recette, ce qui inclut la partie extérieure grillée du bœuf, ont un lien moléculaire avec la famille des pyrazines – plus particulièrement les diméthyl pyrazines (sujet qui sera traité en profondeur dans le tome II de *Papilles et Molécules*). Comme les pyrazines sont des composés volatils qui s'expriment, entre autres, par des notes de poivron vert, ainsi que de torréfaction, la piste harmonique pour le choix des vins nous conduit directement aux vins dominés par le cabernet sauvignon, plus précisément de cabernets provenant de pays chauds, donc du Nouveau Monde, et élevés en barriques de chêne. À ce profil « pyrazines » s'ajoutent les capiteux zinfandels californiens, ainsi que les puissants assemblages grenache, syrah et mourvèdre (GSM) australiens, mais aussi languedociens et rhodaniens.

Nous avons atteint l'harmonie parfaite lors de la création de cette recette avec :

Cabernet Sauvignon Reserva Privada L.A. Cetto 2004 Valle de Guadalupe, Baja California, Mexique
et
GSM Ironstone Pressing 2005 McLaren Vale, d'Arenberg, Australie

BŒUF GRILLÉ ET RÉDUCTION DE « SOYABLE_Mc^2 »

C'est lors de la création de cette simplissime mais savoureuse recette de bœuf grillé que l'idée de notre sauce *Soyable_Mc^2* (page 165) a vu le jour. Rapidement, nous avons su que nous tenions là une sauce au goût unique, pouvant être sortie du contexte du bœuf pour être utilisée à toutes les sauces… (voir aussi les recettes *Noix de cajou apéritives à la japonaise*, *Ganache chocolat / Soyable_Mc^2*, *Craquant Jacques_Mc^2* et *Pouding poché au thé Earl Grey*). Pour en savoir plus sur la complexité et la polyvalence de cette sauce, lire l'introduction de la recette de *Soyable_Mc^2* (page 165).

INGRÉDIENTS
900 g (2 lb) de bavette de bœuf AAA de la ferme Eumatimi
30 ml (2 c. à soupe) d'huile végétale
15 ml (1 c. à soupe) de beurre fondu
Sel, poivre du moulin
80 ml (1/3 tasse) de Soyable_Mc^2 (page 165)

PRÉPARATION
1. Badigeonner la bavette avec l'huile et le beurre fondu, saler et poivrer et placer dans une poêle bien chaude.
2. Marquer fortement la viande sur toutes les faces et mettre dans un four préchauffé à 190°C (375°F) pendant 6 minutes ou suivant l'épaisseur de la pièce de bœuf.
3. Sortir la viande, la déposer sur une assiette chaude et la recouvrir d'un papier aluminium pendant quelques minutes pour la faire reposer.

FINITION
Laquer la viande avec la sauce *Soyable_Mc^2* et remettre au four chaud 2 minutes pour lui redonner un coup de chaleur.
Note : vous pouvez aussi servir cette bavette avec des haricots blancs cuisinés façon fèves au lard, mais en y changeant le sirop d'érable ou la mélasse habituellement prescrite dans les recettes de fèves au lard par notre sauce *Soyable_Mc^2* (page 165).

Pistes harmoniques des liquides
Quand la *Soyable_Mc^2* est dans le décor, dirigez-vous sur la piste des vins marqués par l'identité aromatique du sotolon. Dans cet univers aromatique, spécialement pour l'union des saveurs grillées du bœuf, de réglisse et de torréfaction de notre *Soyable_Mc^2*, il y a les bières brunes fortes, ayant idéalement quelques années de bouteilles, car elles développent ainsi des notes de sauce soya, tout comme le café espresso corsé, servi à la température de la pièce. Puis suivent les madères, de type bual et malmsey, les portos de type tawny, de 20 ans d'âge, servis légèrement rafraîchis, les vieux rhums bruns, le vin santo, le xérès oloroso et les vins doux naturels élevés en milieu oxydatif. Enfin, les vins rouges, aux tanins chauds et enveloppés par un boisé dominant, comme certains zinfandels californiens et certains GSM australiens, peuvent aussi atteindre la zone de confort harmonique.

Nous avons atteint l'harmonie parfaite lors de la création de cette recette avec :
Café : Café espresso bien tassé (servi à la température de la pièce) et Atteca Old Vines 2007 Calatayud, Espagne
Bière : St-Ambroise Vintage Ale Millésimée 2001 Ale Extra Forte, Brasserie McAuslan, Montréal, Québec (9,6 % alc.)

GEWÜRZTRAMINER/ GINGEMBRE/LITCHI/ SCHEUREBE

HISTOIRES DE FAMILLES... MOLÉCULAIRES

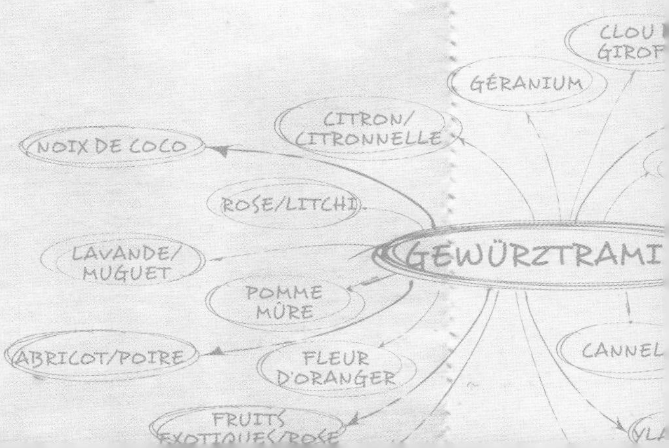

NOIX DE COCO

CITRON/ CITRONNELLE

GÉRANIUM

CLOU GIROF

ROSE/LITCHI

LAVANDE/ MUGUET

POMME MÛRE

GEWÜRZTRAMI

ABRICOT/POIRE

FLEUR D'ORANGER

CANNEL

FRUITS EXOTIQUES/ROSE

Pistes harmoniques des liquides

Si vous n'ajoutez pas le litchi dans cette recette et que vous demeurez centré sur le gingembre et le pamplemousse rose, optez pour un vin blanc sec de riesling, qu'il soit alsacien ou australien. Si vous servez un riesling allemand, assurez-vous de sélectionner un vin sec au degré d'alcool suffisamment élevé, autour de 13 %. Sinon, votre riesling germanique manquera de présence aromatique et de corps pour soutenir l'ensemble. Enfin, si le litchi entre dans votre recette, dirigez-vous plutôt vers un gewürztraminer sec et de noble origine. Quoique dans nos essais, lors de la création de ce plat, le Gewürztraminer Sélection de Grains Nobles 1994 Alsace, Pfaffenheim, France, est resté en selle, avec panache! Ce qui démontre une fois de plus que le pouvoir d'attraction entre les composés volatils (molécules) des aliments et des vins surpasse les autres composantes lors de l'harmonie vins et mets.

D'ailleurs, pour démontrer à vos amis de table cette thèse, cuisinez cette recette en différentes versions, afin de marier chaque version avec le vin de même famille aromatique que l'ingrédient utilisé dans la recette : truite romarin et riesling; truite girofle et chardonnay boisé; truite menthe fraîche et sauvignon blanc; truite lapsang souchong et thé noir fumé.

Nous avons atteint l'harmonie parfaite lors de la création de cette recette avec :
Version avec litchi : Gewürztraminer Cuvée Théo 2004 Alsace, Domaine Weinbach, France
Version sans litchi : Riesling Heissenberg 2004 Alsace, Domaine André Ostertag, France

FILET DE TRUITE EN GRAVLAX NORDIQUE, GRANITÉ DE GINGEMBRE ET PAMPLEMOUSSE

Une idée qui a germé dans les neurones de mon ami et gastronome Martin Loignon, docteur en biologie moléculaire, lors de sa précieuse collaboration au premier tome de *Papilles et Molécules*. Stéphane et moi nous sommes approprié sa recette simple et haute en saveurs, pour vous la révéler à notre façon. Le gingembre est la piste aromatique des saveurs de cette création, à laquelle le pamplemousse rose s'ajoute, étant dans la même famille aromatique que la zingibéracée de gingembre. Martin avait aussi utilisé le litchi dans sa création, aliment jumeau du gingembre, ce qui donne un profil plus exotique et plus aromatique à ce plat déjà haut en saveurs complémentaires. L'idéal est de servir des filets de truite sans litchi, et d'autres avec, juste pour le plaisir des sens!

INGRÉDIENTS

25 g (1/4 tasse) de gingembre
20 g (1 c. à soupe) de sel fin
300 g (2/3 lb) de truite
300 ml (1 1/4 tasse) d'eau de source
50 g (1/4 tasse) de sucre glace
90 g (3 oz) de gingembre frais râpé
Le jus de 2 pamplemousses roses

PRÉPARATION

1. Râper le gingembre à l'aide d'une microplane.
Note : cette opération sera plus facile si le gingembre est préalablement congelé.
2. Mélanger le sel avec le gingembre râpé, ce qui donnera une pâte de sel.
3. Retirer la peau du filet de truite à l'aide d'un couteau.
4. Frotter le filet de truite avec la pâte de sel au gingembre.
5. Recouvrir le filet de truite d'une pellicule plastique. Placer au réfrigérateur pendant 2 heures.
6. Rincer le filet pour le débarrasser de l'excédent de sel. Placer sur un papier absorbant. Réserver au réfrigérateur.
7. Préparer le granité. Porter l'eau et le sucre à ébullition. Hors du feu, ajouter le gingembre frais râpé et laisser infuser pendant 5 minutes. Une fois le mélange tiède, ajouter le jus de pamplemousse. Passer le tout au chinois et mettre dans un plat au congélateur.
8. Gratter souvent le granité à l'aide d'une fourchette pour bien séparer les cristaux.

FINITION

Découper le filet de truite en tranches sur le sens de la largeur. Servir avec une cuillerée de granité sur le dessus.

TERRINE DE FOIE GRAS ET CAILLES, PARFUMS DE PÉTALES DE ROSE, GINGEMBRE, LITCHI ET PIMENT D'ESPELETTE

Pistes harmoniques des liquides

Qui dit rose, litchi et gingembre dit avant tout gewürztraminer. Partant de là, comme je vous l'explique plus en détail dans le tome I du livre *Papilles et Molécules*, sachez que lorsque l'on analyse le profil aromatique des composés volatils du litchi et du gingembre, tout comme des vins blancs de cépages gewürztraminer et scheurebe, on se rend rapidement compte qu'ils présentent de très grandes similitudes – soyez vigilant, car, dans certains cas, le scheurebe prend des airs de sauvignon blanc. Il faut donc aussi opter pour les vins blancs autrichiens de cépage scheurebe, lorsque ce dernier prend des allures aromatiques de gewürztraminer. Enfin, certains vins rouges trouvent un chemin harmonique avec la rose et le litchi, grâce à leur structure aromatique proche parente. C'est le cas des vins rouges de cépage mencia de l'appellation espagnole Bierzo. Sans toucher au nirvana, vous resterez dans la zone de confort harmonique avec ce type de rouge.

Nous avons atteint l'harmonie parfaite lors de la création de cette recette avec :

Vin blanc sec : Gewürztraminer Cuvée Théo 2001 Alsace, Domaine Weinbach, France
Vin blanc liquoreux : Scheurebe TBA No 9 « Zwischen den Seen » 2001 Burgenland, Kracher, Autriche
Vin rouge : Corullón 2004 Bierzo, Descendientes de J. Palacios, Espagne

INGRÉDIENTS

3 cailles fraîches
5 ml (1 c. à thé) de gingembre frais
5 ml (1 c. à thé) de sel fin
225 g (1/2 lb) de foie gras frais
8 litchis au sirop
5 ml (1 c. à thé) de pétales de rose
1 g (1/2 c. à thé) de piment d'Espelette en poudre

PRÉPARATION

1. Désosser les poitrines de cailles et réserver au réfrigérateur.
2. Râper le gingembre (plus facile si préalablement congelé) et le mélanger au sel fin.
3. Chemiser une terrine d'une pellicule plastique.
4. Placer 1 poitrine de caille entre deux feuilles de papier sulfurisé et l'aplatir à l'aide d'une feuille de boucher. Répéter l'opération avec toutes les poitrines. Les saupoudrer de sel de gingembre.
5. Placer trois demi-poitrines dans le fond de la terrine. Elles doivent recouvrir le fond complet de celle-ci. Ajouter les litchis taillés en dés.
6. Tailler des tranches fines de foie gras cru et les disposer en couches super-posées sur les poitrines en prenant soin de les saler également avec le sel de gingembre. À la dernière couche de foie gras, mettre, en plus du sel, les pétales de rose.
7. Recouvrir des poitrines de cailles, placer le couvercle.
8. Cuire au bain-marie 55 minutes dans un four préchauffé à 150°C (300°F).
9. À la sortie du four, saupoudrer la graisse fondue de piment d'Espelette en pou-dre et de gingembre râpé frais, puis mettre au réfrigérateur pendant une nuit.

FINITION

Le lendemain, démouler la terrine, dresser sur un plat de service et déguster avec une brioche toastée. Que du bonheur…

Du sur-mesure pour les aliments complémentaires aux vins de gewürztraminer et au litchi, ceux-ci étant des jumeaux moléculaires. Nous sommes donc partis sur la piste de la rose, dont la molécule dominante (cis-rose oxide) se retrouve aussi dans le litchi et le gewürztraminer. Le résultat est une terrine, foie gras et cailles, où il y a, lorsqu'elle est servie tempérée, explosion du gingembre tenu prisonnier jusque-là dans la graisse jaune fluo du dessus. Quant au litchi, il se fait subtil et discret, ce qui est rare dans son cas. Enfin, n'hésitez pas à râper finement du gingembre congelé (c'est ainsi plus facile à râper) au moment du service, au-dessus de chaque tranche. Les arômes de l'ensemble seront ainsi pulvérisés au palais lorsque la première bouchée sera mise en bouche!

« PÂTE DE FRUITS_Mc² » : LITCHI / GINGEMBRE, SUCRE À LA ROSE

Cette *Pâte de fruits_Mc²* a été inspirée à la fois par le cis-rose oxide – molécule volatile à l'odeur de rose, qui domine dans le litchi et la rose –, tout comme par de nombreux autres composés volatils que le litchi et le gingembre partagent, sans oublier que les mêmes molécules aromatiques se trouvent dans les vins de gewürztraminer et de muscat. Cuisiner les trois ensemble ne pouvait que donner un résultat plus grand que nature ! Le pouvoir d'attraction, qui se traduit par une force électrique qui s'opère entre les composés de mêmes familles qu'ils partagent tous, crée une pâte de fruits parfumée, florale et exotique au possible, avec le raffinement des plus grands parfums du monde de la parfumerie. Les goûts se superposent en toute subtilité et se développent longuement en fin de bouche. D'où cette photo qui place notre *Pâte de fruits_Mc²* sur un piédestal, comme si elle était un joyau de la parfumerie…)

INGRÉDIENTS
300 g (2/3 lb) de litchis en conserve (diviser 2/3 le fruit, 1/3 le sirop)
50 g (1/4 tasse) de sucre blanc
9 g (2 c. à soupe) d'agar-agar
150 g (1 1/2 tasse) de sucre blanc
2 g (1 c. à soupe) de pétales de rose
5 g (1 c. à thé) de gingembre râpé
12 g (1 c. à soupe) de sucre blanc pour l'enrobage

PRÉPARATION
1. Mettre les 200 g de litchis et les 100 g de sirop dans le bol d'un mixeur. Mixer. Ajouter le sucre et l'agar-agar. Continuer à mixer jusqu'à l'obtention d'une préparation homogène. Passer le mélange dans une étamine fine.
2. Dans une casserole à fond épais, faire bouillir le mélange pendant 5 minutes en remuant constamment avec un fouet.
3. Verser le mélange sur une plaque recouverte d'une pellicule plastique (l'épaisseur doit être de 1 cm ou 1/2 po). Mettre la plaque au réfrigérateur pendant 1 heure.
4. Pendant ce temps, préparer le sucre d'enrobage à la rose et au gingembre. Dans un bol, mettre le sucre blanc et les pétales de rose hachés. Râper le gingembre à l'aide d'une microplane et l'ajouter au mélange.
Note : cette opération sera plus facile si gingembre est préalablement congelé.

FINITION
Tailler la pâte de fruits en cubes de 1 cm (1/2 po) de côté et la rouler dans le sucre rose / gingembre.

Pistes harmoniques des liquides
Une fois de plus, la force électrique naturelle qui lie les ingrédients partageant des molécules aromatiques de mêmes familles surpasse de beaucoup l'accord classique basé sur l'acidité, le sucré, etc. Il faut avoir dégusté un vin blanc sec de gewürztraminer sur ces pâtes sucrées pour saisir toute la puissance et la solidité de cette thèse aromatique. À vous de choisir, que ce soit en sec ou en moelleux, tous vos vins préférés à base de muscat ou de gewürztraminer se logeront aisément dans la zone de confort harmonique avec ces mignardises plus que parfumées. À moins de vous concocter un cocktail *GinGinger*, à base de gin et de jus de gingembre, à la façon de l'excellent restaurant Archie's Wok à Puerto Vallarta ?

Nous avons atteint l'harmonie parfaite lors de la création de cette recette avec :
Vin blanc sec : Gewürztraminer Herrenweg de Turkheim 2005 Alsace, Domaine Zind-Humbrecht, France
Vin doux naturel (blanc moelleux) : Domaine Cazes 2008 Muscat de Rivesaltes, France
Cocktail : *GinGinger* (gin et sirop de gingembre)

ANANAS ET FRAISE

UN ÉTRANGE DESTIN CROISÉ

ABRICOT,	EUCALYPTUS	RAISIN CONCORD
AGRUMES	ANANAS ET/OU FRAISE	ROMARIN
BANANE	GALANGA	SAUCE SOYA
BASILIC	GINGEMBRE	SIROP D'ÉRABLE
CANNELLE	GRAINES DE FENUGREC	TOMATE
CARAMEL	GRILLÉES	VANILLE
CLOU DE GIROFLE	MIEL	VINAIGRE BALSAM
CURCUMA	PÊCHE	XÉRÈS AMONTILL
CURRY	POIVRE DE GUINÉE	

ABATTIS DE DINDE CROUSTILLANTS FARCIS À LA FRAISE « CLOUTÉE », LAQUÉS À L'ANANAS

aile de dinde

Pistes harmoniques des liquides

Les enfants apprécieront avec cette recette un jus d'ananas avec un doigt de coulis de fraise, façon Shirley Temple. Pour l'amateur de vins, deux options s'offrent : un vin blanc sec, élevé en barrique, afin que le lien avec le girofle et l'ananas s'établisse, mais jeune et passablement gras, pour qu'il soutienne aussi l'ensemble un brin sucré et goûteux.
Ce à quoi répondent certains crus du Sud-Ouest, d'appellation Pacherenc-du-Vic-Bilh, dont le profil aromatique rejoint de beaucoup celui de l'ananas, tout comme ceux de chardonnay, provenant du Nouveau Monde. Ou encore un vin blanc moelleux, doté d'une belle fraîcheur, comme certains jurançons moelleux et sainte-croix-du-mont.

Nous avons atteint l'harmonie parfaite lors de la création de cette recette avec :
Pour les enfants... un jus ! :
Jus d'ananas avec un doigt de coulis de fraise, façon Shirley Temple
Pour les adultes... un vin blanc sec ou moelleux : Château Montus 2007 Pacherenc-du-Vic-Bilh Sec, Alain Brumont, France
et
Clos Bellevue Cuvée Spéciale 2005 Jurançon Doux, Olivier Muchada, France

INGRÉDIENTS

2 l (8 tasses) d'eau
4 g (1 c. à thé) de gros sel de mer
1 oignon jaune moyen
1 carotte
1 branche de céleri
1 clou de girofle
1 feuille de laurier
8 pilons de dinde (voir illustration)
30 ml (2 c. à soupe) de la recette de *Confiture de fraises au girofle et au rhum brun* (page 124)
Farine
125 ml (1/2 tasse) de mélange à tempura
160 ml (2/3 tasse) d'eau glacée (ou la quantité requise par le fabricant de mélange à tempura)
1,5 l (6 tasses) d'huile végétale
250 ml (1 tasse) de la recette de *Chutney d'ananas au curcuma, gingembre et vinaigre de xérès* (page 122)

PRÉPARATION

1. Dans une casserole moyenne, porter à ébullition l'eau avec le sel de mer, les légumes pelés et les aromates.

2. Plonger dans le bouillon les pilons de dinde dont les extrémités seront taillées pour désolidariser les deux os. Cuire pendant 1 heure 30 minutes. Laisser refroidir dans le bouillon.

3. Lorsque le liquide est tiède, prendre un pilon et retirer délicatement les deux os en tirant dessus. Placer les pilons sur une assiette et répéter l'opération avec les autres pilons.

4. Dans une petite poche à pâtisserie, placer la confiture de fraise et remplir les trous laissés par les os des pilons.

5. Rouler les pilons dans de la farine.

6. Dans un bol, mettre le mélange à tempura et ajouter la quantité d'eau requise.

7. Dans une casserole haute, faire chauffer l'huile végétale pour frire les pilons.

8. Tremper les pilons dans la tempura et les faire frire dans l'huile chaude. Ils sont prêts lorsque la tempura est croustillante et bien dorée.

9. Déposer les pilons frits sur un papier absorbant.

FINITION

Tout juste avant de servir, badigeonner les pilons de chutney d'ananas à l'aide d'un pinceau.

Partant de l'idée des très festives ailes de poulet, nous avons suivi la piste aromatique des jumeaux moléculaires que sont l'ananas et la fraise, ainsi que de leurs ingrédients complémentaires. Nous avons préféré la dinde au poulet, question de grosseur et de saveurs des abattis. C'est le plat parfait pour les fêtes de famille, entre amis, tout comme pour nourrir votre instinct sportif lors des soirées de sport… à la télé! C'est aussi un plat qui régalera les enfants, preuve à l'appui!

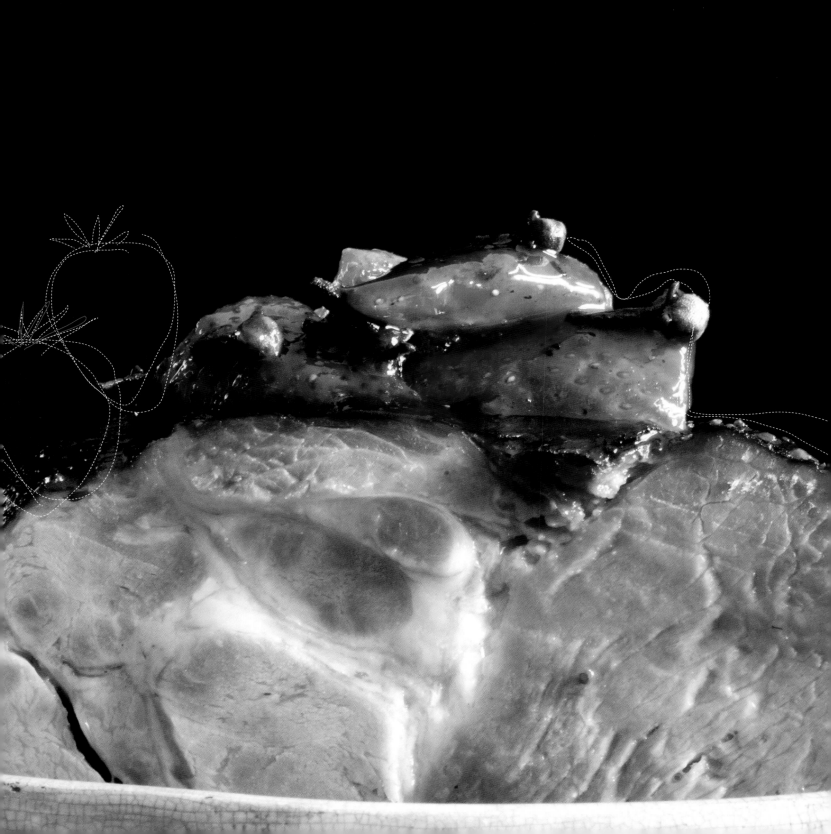

JAMBON GLACÉ AUX FRAISES ET GIROFLE

Partis de la classique recette de jambon à l'ananas, nous avons accouché de cette variation où la fraise, jumelle moléculaire de l'ananas, remplace l'exotique ananas. La saveur de la fraise se trouve aussi décuplée par la présence du clou de girofle, au grand pouvoir d'attraction avec la fraise, tout comme avec l'ananas, ce qui résulte en un gène de saveur supérieur à la somme de ses parties. Comme l'a si bien dit Lucie, 7 ans, l'aînée des quatre enfants de Stéphane et de Jasmine : « Le clou de girofle permet de mieux fusionner les jumeaux moléculaires » ! Alors, à vous d'effectuer cette recette parfumée au girofle avec des fraises, ou avec seulement de l'ananas, ou encore mieux, avec les deux jumeaux fusionnés.

INGRÉDIENTS

1 soc d'épaule de porc (environ 700 g ou1,5 lb) sans os, roulé, fumé
1/2 barquette de fraises mûres
125 ml (1/2 tasse) de sirop d'érable
60 ml (1/4 tasse) de vinaigre balsamique
60 ml (1/4 tasse) de bouillon de bœuf sans sel
60 ml (1/4 tasse) de rhum brun
10 clous de girofle

PRÉPARATION

1. Dans une casserole d'eau froide et non salée, mettre le soc de porc et porter à ébullition. Au premier frémissement, sortir le jambon et le réserver.
2. Pendant ce temps, laver et équeuter les fraises, les couper en deux et les placer dans une casserole allant au four à fond épais munie d'un couvercle avec tous les autres ingrédients liquides ainsi que les clous de girofle.
3. Porter à ébullition le mélange et y déposer le jambon. Couvrir et mettre dans un four préchauffé à 150°C (300°F).
4. Cuire pendant 2 heures 30 minutes. Retirer le jambon et réduire le jus si nécessaire. La texture recherchée sera un sirop épais, qui saura enrober le soc de porc.

Pistes harmoniques des liquides

Premièrement, afin que les enfants et les adolescents ne soient pas en reste, pourquoi ne pas faire comme nous le proposons à la recette *Abattis de dinde croustillants, farcis à la fraise « cloutée », laqués à l'ananas* (page 116), et ainsi leur servir en accompagnement liquide de ce jambon aux fraises un jus d'ananas avec un doigt de coulis de fraise, façon Shirley Temple ? Pour ceux qui sont en âge de s'amuser à table avec les vins, sachez qu'il faut avant tout un vin, blanc ou rouge, ayant été élevé en barriques de chêne. Classiquement, un chardonnay du Nouveau Monde est l'ami numéro un de l'ananas, donc de la fraise aussi. De façon plus étonnante, mais qui vient confirmer à nouveau le pouvoir d'attraction aromatique, un généreux rouge à base de mourvèdre, idéalement du Nouveau Monde ou d'un millésime européen très chaud, trouve sa zone de confort avec ce plat.

Nous avons atteint l'harmonie parfaite lors de la création de cette recette avec :
Pour les enfants... un jus ! : Jus d'ananas avec un doigt de coulis de fraise, façon Shirley Temple
Pour les adultes... Vin blanc : Chardonnay Tawse « Robyn's Block » 2006 Niagara Peninsula VQA, Canada
Vin rouge : Mourvèdre The Twenty-Eight Road 2005 McLaren Vale, d'Arenberg, Australie

CARRÉ DE PORC GLACÉ AUX FRAISES, POIVRE DU SICHUAN, GALANGA ET MIEL

En pigeant dans la liste des ingrédients complémentaires à l'ananas et à la fraise, certains aliments nous ont semblé tout à fait inspirants pour s'unir à la fraise. Premièrement, le poivre du Sichuan avec sa note très florale, rappelant la rose, non loin de la fraise. Puis, l'exotique galanga, jumeau du gingembre, qui rappelle la fraîcheur exotique de l'ananas. Il en résulte un carré de porc glacé et caramélisé avec justesse, à l'équilibre sucré/épicé quasi parfait, où le galanga et le poivre du Sichuan donnent le coup de fouet nécessaire à l'harmonie d'ensemble. Enfin, osez servir ce plat en deux temps, avec au début le gras laqué en surface, rôti à souhait, suivi de la viande.

INGRÉDIENTS

1 carré de porc (environ 1,5 k ou environ 3 lb)
180 ml (3/4 tasse) de miel liquide
125 ml (1/2 tasse) de purée de fraises
5 g (1 c. à thé) de galanga frais râpé
5 ml (1 c. à thé) de sel fin
20 g (1 1/2 c. à soupe) de beurre salé
5 g (1 1/2 c. à soupe) de poivre du Sichuan

PRÉPARATION

1. Dans une casserole d'eau bouillante bien salée, immerger le carré de porc 3 minutes. Transférer immédiatement dans un bol d'eau glacée pour arrêter complètement la cuisson. Le déposer sur un papier absorbant pour bien l'assécher.
2. Préchauffer le four à 180°C (350°F) en position convection.
3. Préparer le glaçage. Dans une petite casserole, verser le miel et la purée de fraises. Porter à ébullition et ajouter le galanga râpé, le sel fin, le beurre et le poivre du Sichuan préalablement broyé au mortier. Faire bouillir 2 minutes et réserver.
4. Déposer le carré de porc dans un plat allant au four. Badigeonner la moitié de la laque sur la surface à l'aide d'un pinceau. Mettre au milieu du four pendant 20 minutes.
5. Étendre le reste du glaçage et poursuivre la cuisson un autre 20 minutes.
6. Sortir la viande du four et la laisser reposer à découvert pendant 5 minutes avant de la déguster.

Pistes harmoniques des liquides

Pour l'amateur de vins, la première option, à cause de la présence importante du galanga et du poivre du Sichuan, il faut se diriger vers un gewürztraminer sec. Il est aussi possible de sélectionner un vin blanc sec, élevé en barrique, mais il devra être puissamment aromatique et très généreux pour qu'il soutienne la piste sucrée/épicée. Les meilleurs crus du Sud-Ouest, d'appellation Jurançon Sec et Pacherenc-du-Vic-Bilh Sec, ayant quelques années de bouteilles, tout comme les chardonnays de régions chaudes, sont vos armes. Enfin, en rouge, un vin de soleil, dominé par le grenache, élevé en barriques de chêne, saura résister à la sucrosité de ce plat, tout en entrant en communion avec ses arômes et ses saveurs, pour ainsi demeurer dans la zone de confort harmonique, sans toutefois atteindre le nirvana.

Nous avons atteint l'harmonie parfaite lors de la création de cette recette avec :
Vins blancs secs : Gewürztraminer Cuvée des Comtes d'Eguisheim 1983 Alsace, Léon Beyer, France et Domaine Cauhapé « Sève d'Automne » 2000 Jurançon Sec, Henri Ramonteu, France
Vin rouge : Domaine du Vieux Télégraphe « La Crau » 2006 Châteauneuf-du-Pape, France

CHUTNEY D'ANANAS AU CURCUMA, GINGEMBRE ET VINAIGRE DE XÉRÈS

Pistes harmoniques des liquides

Parmi la liste des vins complémentaires à l'ananas, et aux aliments de même profil aromatique, pour s'unir à ce chutney aigre-doux, optez avant tout pour des vins doux. Ce à quoi répondent avec vigueur les moelleux du Sud-Ouest, des appellations Jurançon et Pacherenc-du-Vic-Bilh. Si ce chutney escorte un poisson grillé, vous pouvez aussi choisir un blanc sec, comme ceux de Jurançon, mais aussi les crus à base de roussanne et de marsanne, qu'ils soient du Rhône, du Languedoc, de Californie ou d'Australie. Enfin, si vous voguez plutôt vers des grillades de viandes blanches, et que vous avez le rouge en tête, servez alors un pinot noir du Nouveau Monde ou un bierzo espagnol, sans oublier qu'il est aussi envisageable de réussir l'accord, mais en servant le vin légèrement rafraîchi, avec un zinfandel de puissance modérée.

Nous avons atteint l'harmonie parfaite lors de la création de cette recette avec :
Grillades de poissons :
Cuvée Marie 2007 Jurançon Sec,
Charles Hours, France
Grillades de viandes blanches :
Pinot Noir Montes Limited Selection 2009
Casablanca Valley, Chili

Cette recette de chutney, qui vous servira, entre autres, à rehausser vos grillades estivales, tant celles de viande blanche que de poisson – plus particulièrement d'espadon –, a été inspirée par les aliments complémentaires à l'ananas, c'est-à-dire par les ingrédients possédant une structure moléculaire parente avec celui-ci. Ceci permet, par le pouvoir d'attraction entre ces composés volatils qu'ils partagent, de les cuisiner ensemble avec un succès assuré. C'est le principe à la base de la thèse d'harmonies et de sommellerie moléculaires introduite dans le tome I du livre *Papilles et Molécules*. Partant de ce constat, vous pourriez remplacer l'ananas par de la fraise et obtenir un chutney de fraises avec le même succès! Quant aux autres ingrédients de cette recette, amusez-vous à les remplacer par ces derniers : basilic, cannelle, clou de girofle, curry, poivre du Sichuan ou vanille, à la place du curcuma; agrumes, eucalyptus, galanga, poivre de Guinée ou romarin, à la place du gingembre; vinaigre balsamique ou vinaigre de cidre, à la place du vinaigre de xérès. Liberté!

INGRÉDIENTS
1 ananas mûr
20 ml (1/8 tasse) de vinaigre de xérès
25 g (2 c. à soupe) de sucre blanc
1 oignon jaune moyen
20 ml (1/8 tasse) d'eau
15 ml (1 c. à soupe) de curcuma frais en poudre
5 ml (1 c. à thé) de gingembre frais râpé

PRÉPARATION
1. Peler l'ananas et ôter les yeux à l'aide de la pointe d'un petit couteau. Tailler la chair en petits dés et réserver.
2. Dans une casserole allant au four à fond épais et munie d'un couvercle, verser le vinaigre de xérès et le sucre, l'oignon taillé en petits dés et l'eau. Porter à ébullition et réduire de moitié. Ajouter l'ananas.
3. Laisser frémir et ajouter le curcuma et le gingembre râpé.
4. Couvrir et cuire le tout 15 minutes, dans un four préchauffé à 150°C (300°F).
Note : le temps de cuisson peut varier selon la maturité de l'ananas et sa teneur en jus. Cuire jusqu'à l'obtention d'une texture se rapprochant d'une compote.

CONFITURE DE FRAISES AU CLOU DE GIROFLE ET AU RHUM BRUN

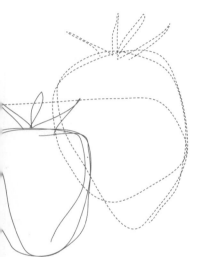

Pistes harmoniques des liquides

Si le moment où cette confiture épicée et parfumée au rhum est propice au service d'un vin, optez pour un vin blanc moelleux, élevé en barriques de chêne, mais doté d'une vivacité de jeunesse, comme certains jurançons, pacherenc-du-vic-bilh ou sainte-croix-du-mont. Si vous avez vraiment le désir de secouer les papilles de vos invités, alors pourquoi ne pas servir un vieux rhum brun, tout comme un très giroflé et boisé bourbon américain ?!

Nous avons atteint l'harmonie parfaite lors de la création de cette recette avec :

Vendemiaire 2005 Pacherenc-du-Vic-Bilh, Alain Brumont, France

En jonglant avec les ingrédients complémentaires à la fraise, tout comme à l'ananas, son jumeau moléculaire, l'idée d'une confiture à la fois épicée et généreusement savoureuse s'est imposée. Disons qu'elle s'imposera aussi pour brasser les papilles de vos invités lors des brunchs dominicaux, tout comme lors des petits matins de lendemain de veille bien arrosée… Sachez que sous ses airs de dure à cuire, elle n'en demeure pas moins très civilisée !

INGRÉDIENTS

454 g (1 lb) de fraises
60 ml (1/4 tasse) de rhum brun
190 g (1 tasse) de sucre blanc
6 clous de girofle

PRÉPARATION

1. Laver, équeuter et couper les fraises en deux.

2. Dans une grande casserole à fond épais (type *Le Creuset*), verser le rhum, le sucre et les clous de girofle écrasés. Chauffer le tout jusqu'à ce que le sucre soit complètement dissous.

3. Ajouter les fraises et poursuivre la cuisson pendant environ 20 minutes à feu moyen / fort en prenant soin de retirer l'écume qui se forme à la surface.

4. Pour vérifier la cuisson, il suffit de mettre une cuillerée de confiture sur une assiette froide. Si la texture est celle recherchée, mettre dans un pot et une fois refroidie, placer au réfrigérateur.

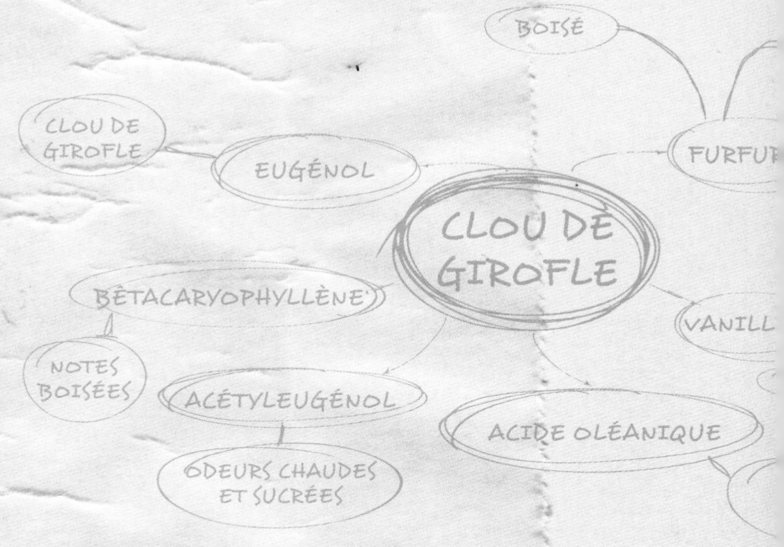

BOISÉ

CLOU DE
GIROFLE

EUGÉNOL

FURFUR

CLOU DE
GIROFLE

BÊTACARYOPHYLLÈNE

VANILL

NOTES
BOISÉES

ACÉTYLEUGÉNOL

ACIDE OLÉANIQUE

ODEURS CHAUDES
ET SUCRÉES

CLOU DE GIROFLE

L'ÉPICE DE LA BARRIQUE

Il y a longtemps que je trouve beaucoup plus juste l'harmonie entre le pot-au-feu de bœuf et le vin blanc que le traditionnel vin rouge. En effet, la viande rouge bouillie devient blanche et filandreuse, perd ses saveurs originelles et son sang, et se gorge des parfums du bouillon. Au fil de mes recherches sur les viandes rouges, cette piste harmonique est devenue encore plus évidente. Dans certaines circonstances (type de cuisson et/ou ingrédients complémentaires au vin blanc), l'accord viande rouge et vin blanc est parfait. Pour parvenir à l'accord juste, il faut que la cuisine soit pensée pour le vin, et non l'inverse. Grâce à la grande complicité de Stéphane, nous avons créé et/ou ajusté des recettes de viande rouge pour vin blanc, dont ce pot-au-feu d'agneau épicé. Ici, le chemin harmonique est donné par les épices de la barrique de chêne que sont la cannelle et le clou de girofle, tout comme le thé noir. Tout bon sommelier créera l'harmonie avec des vins rouges, au profil boisé, tels certains crus espagnols de tempranillo. Bien, mais pas parfait, les tanins du vin rouge devenant plus fermes devant la viande bouillie. Mais quelle justesse harmonique vous atteindrez si vous l'accompagnez d'un verre de… chardonnay!

POT-AU-FEU D'AGNEAU CUIT ROSÉ, AU THÉ ET AUX ÉPICES

INGRÉDIENTS

Pour le bouillon

2 litres (8 tasses) d'eau
4 g (1 c. à thé) de gros sel de mer
3 clous de girofle
1 bâton de cannelle
3 grains de cardamome verte
1 étoile de badiane (anis étoilé)
5 g (1 c. à thé) de poivre du Sichuan

Pour les légumes

1 poireau
2 branches de céleri
3 panais moyens
1/2 céleri-rave
1/2 courge poivrée
4 pommes de terre moyennes
2 oignons
1 gousse d'ail

5 ml (1 c. à thé) de feuilles de thé noir
600 g (1 1/3 lb) de gigot d'agneau désossé

PRÉPARATION

1. Préparer le bouillon. Dans une grosse casserole, mettre l'eau et le sel à bouillir. Ajouter toutes les épices.
2. Préparer les légumes. Laver, peler et tailler les légumes en gros tronçons. Quand le bouillon aura mijoté pendant 10 minutes, ajouter les légumes ainsi que le thé et faire frémir pendant 15 minutes.
3. Ajouter la pièce de viande et cuire environ 20 minutes.
4. Retirer la viande et la laisser reposer quelques minutes.

FINITION

Dresser les légumes dans un plat de service. Au besoin, faire réchauffer la viande dans le bouillon chaud quelques minutes avant de servir.

Pistes harmoniques des liquides

Vous êtes convié au mariage de l'agneau et du vin blanc! C'est que le grand pouvoir d'attraction des ingrédients épicés/boisés (cannelle, clou de girofle, feuilles de thé) de cette recette d'agneau entre en accord tellement intensément avec les saveurs boisées des vins blancs de chardonnay, servis à plus ou moins 14°C, que l'accord va au-delà de l'union vin rouge et viande rouge. Ici, Stéphane et moi sommes partis sur la piste aromatique du clou de girofle et de ses épices complémentaires, tout comme sur la cuisson bouillie de l'agneau. En servant ce pot-au-feu d'agneau cuit rosé, dans un bouillon au thé et aux épices, les notes boisées subtiles de multiples blancs de chardonnay du Nouveau Monde trouvent écho dans celles tout aussi boisées du clou de girofle et du thé noir. Enfin, la texture de l'agneau étant devenue blanche et filandreuse, gorgée des parfums boisés du bouillon, l'accord résonne haut et fort.

Nous avons atteint l'harmonie parfaite lors de la création de cette recette avec :
Chardonnay Le Bonheur 2009 Simonsberg, Domaine Stellenbosch, Afrique du Sud

FOUGASSE PARFUMÉE AU CLOU DE GIROFLE ET FROMAGE BLEU FONDANT CARAMÉLISÉ

En guise de fromage, tout comme à l'heure de l'apéritif, nous avons pensé vous offrir une interprétation plus que parfumée et riche en saveurs de la célèbre fougasse du Midi. Pour ce faire, Stéphane a eu le flair de parfumer la pâte à pain au girofle, ingrédient complémentaire au fromage bleu, qui est justement l'élément central de la garniture de cette fougasse plus que gourmande. Enfin, la caramélisation finale permet de magnifier les saveurs umami du fromage bleu et de la pâte à pain, qui entrent ici en synergie. Comme toujours dans ce cas de figure, le résultat est de beaucoup supérieur au total de la somme des parties.

Pistes harmoniques des liquides

En se référant aux liquides complémentaires au fromage bleu, tout en tenant compte de ceux prescrits pour le girofle, ainsi que pour les plats riches en umami, on parvient rapidement sur la piste des chardonnays de pays chauds, élevés en barriques de chêne, sur lies. Vous avez compris qu'il faut donc du gras (umami), de la générosité (texture et saveurs du bleu) et des tonalités boisées (girofle). Ce à quoi répondent les chardonnays californiens et australiens, ainsi que dans certains cas ceux du Chili, d'Argentine et de Nouvelle-Zélande. En respectant le type de structure aromatique requis, il est aussi possible d'opter soit pour un porto vintage de plus ou moins 20 ans d'âge, soit pour une bière brune extra-forte, à plus de 10 degrés d'alcool, et idéalement vieillie plus de 3 ans en bouteilles.

Nous avons atteint l'harmonie parfaite lors de la création de cette recette avec :
Bière brune extra-forte : Samichlaus, Bière Extra Forte, Schlossbrauerei Eggenberg, Autriche (14 % alc.)
Porto vintage (de plus ou moins 20 ans) : Dow's Vintage 1985 Porto, Symington Family Estates, Portugal

PRÉPARATION

1. Préparer le levain. Dans un bol, délayer la levure dans l'eau tiède, ajouter la cassonade et la farine. Couvrir d'une pellicule plastique et laisser activer la levure pendant 50 minutes.

2. Placer le levain dans la cuve d'un batteur sur socle. Ajouter le reste des ingrédients et pétrir à vitesse moyenne.

3. Lorsque la pâte sera homogène et élastique, après environ 10 minutes, réaliser une boule. La placer dans un bol recouvert d'un linge humide. Laisser pousser pendant 1 heure.

4. Déposer la pâte sur le plan de travail, couper en deux pâtons égaux. Taper la pâte avec le plat de la main pour retirer l'air de fermentation, puis abaisser la pâte à l'aide d'un rouleau.

5. Lorsque vous aurez obtenu un ovale d'environ 1,5 cm d'épaisseur (1/2 po), étaler uniformément les 60 g (2 oz) de fromage bleu émietté et appuyer avec la paume de la main pour que les morceaux restent en place pour la prochaine opération.

6. Refermer la pâte comme un chausson et abaisser de l'épaisseur initiale. Replier en deux et tailler la pâte à l'aide d'un couteau pour former, une fois dépliée, des ouvertures dans la fougasse.

7. Étirer la fougasse et déposer sur une plaque légèrement farinée. Couvrir d'un linge humide et laisser lever pendant 1 heure.

8. Préchauffer le four à 190°C (375°F) et cuire pendant 30 minutes.

9. Après 30 minutes, placer en quantités égales, dans les trous, les 30 g de fromage bleu et remettre dans le four. Lorsque le fromage aura fondu, s'en servir pour badigeonner, à l'aide d'un pinceau, la surface de la fougasse. Cuire environ 10 de minutes de plus.

10. Sortir de la plaque et laisser refroidir avant de déguster.

INGRÉDIENTS
Pour le levain
10 g (2 c. à thé) de levure sèche
250 ml (1 tasse) d'eau tiède
10 g (2 c. à thé) de cassonade
60 g (1/2 tasse) de farine

Pour la pâte
450 g (1 lb) de farine
60 ml (1/4 tasse) d'huile d'olive
60 ml (1/4 tasse) d'eau tiède
5 g (1 c. à thé) de sel fin
1 g (1 c. à thé) de clou de girofle en poudre

Pour la garniture
90 g (2 oz, plus 1 oz) de fromage bleu type danois

« PURÉE_Mc² » POUR AMATEUR DE VIN AU CÉLERI-RAVE ET CLOU DE GIROFLE

Voici l'un des accompagnements de viande rêvés pour les amateurs de vins. Cette purée propulse les vins – autant les rouges que les blancs – dans le temps, en leur donnant de la longueur en bouche. Une seule condition est requise pour que l'équation opère : le vin doit impérativement avoir été élevé en barriques de chêne. Cette dernière confère aux vins qui y séjournent une molécule du nom d'eugénol, qui est la signature aromatique du clou de girofle. De plus, le céleri-rave étant un légume-racine, il fait partie de la famille des anisés, que j'ai ainsi nommée après avoir regroupé nombre d'aliments, herbes et épices dotés de composés volatils anisés. Enfin, les molécules anisées donnent de la longueur aux vins, en plus d'avoir un effet assouplissant sur les tanins des jeunes vins rouges. Le meilleur ami de l'amateur de vin, vous dites ?

INGRÉDIENTS
1 céleri-rave de taille moyenne
5 g (1 c. à thé) de gros sel de mer
125 ml (1/2 tasse) de crème 35 %
4 clous de girofle réduits en poudre

PRÉPARATION
1. Parer et tailler le céleri-rave en cubes. Les plonger dans une casserole d'eau bouillante additionnée de gros sel. Cuire jusqu'à ce que les cubes soient tendres, soit environ 15 minutes.
2. Dans une petite casserole, verser la crème et la faire réduire du tiers, en remuant continuellement avec un fouet.
3. Placer le céleri-rave, la crème et la poudre de clous de girofle dans un robot culinaire. Réduire en une purée lisse.

FINITION
Au besoin, rectifier l'assaisonnement et servir.
Note : vous pouvez remplacer le clou de girofle par de la réglisse noire. Pour ce faire, utilisez l'équivalent d'une demi-barre de 32 g (1,12 oz) de réglisse de type Panda. Celle-ci, tout comme le clou de girofle, donne de la longueur aux vins, tout en les assouplissant.

Pistes harmoniques des liquides
Cette purée étant un accompagnement, dans le choix des liquides harmoniques il faudra aussi prendre en compte les autres composants du plat qu'elle escorte. Mais, rappelez-vous que les vins blancs et rouges élevés en barriques sont à privilégier. De plus, comme le céleri-rave apporte un profil anisé, optez pour des vins de cette famille, comme le sont en blanc ceux de sauvignon blanc, et en rouge ceux de syrah/shiraz, de mourvèdre ou de tempranillo.

Nous avons atteint l'harmonie parfaite lors de la création de cette recette avec :
Château de Beaucastel « rouge » 2005
Châteauneuf-du-Pape, Famille Perrin, France

TATIN À L'ANANAS CONFIT ET CLOU DE GIROFLE, PÂTE SUCRÉE À LA CANNELLE ET GLACE VANILLE

Pistes harmoniques des liquides

La principale piste à suivre dans le cas de l'ananas et de ses aliments complémentaires est celle des vins élevés en barriques de chêne. Cette dernière portant le « gène » aromatique de l'eugénol, les vins qui y séjournent en sont tous porteurs, même si l'odeur du clou de girofle ne semble pas perceptible au nez comme en bouche. La priorité du choix pour cette Tatin revient aux vins blancs liquoreux, aux vins doux naturels et à certains vins rouges du Nouveau Monde, aux tanins chauds et mûrs, à base de grenache/syrah/mourvèdre (GSM). Dans le cas des GSM, il est préférable de ne pas servir cette Tatin accompagnée de la glace vanille, si on veut atteindre la zone de confort harmonique – la crème de la glace vanille étant plus difficile avec les tanins.

Nous avons atteint l'harmonie parfaite lors de la création de cette recette avec :

Vin blanc liquoreux : Samuel Tinon « 5 Puttonyos » 2001 Tokaji Aszú, Hongrie

Vin doux naturel (Tatin servie sans glace vanille) : Vendanges 2007 Banyuls, Domaine La Tour Vieille, France

La piste de l'eugénol, molécule dominante du clou de girofle, nous a conduits aux ingrédients de cette recette, tous marqués par ce composé volatil à l'odeur de girofle. Il en résulte un dessert où le pouvoir d'attraction des multiples arômes crée une puissante synergie. Comme l'ananas partage avec la fraise plusieurs composés volatils, n'hésitez pas à ajouter quelques fraises dans cette recette ou à remplacer certains ingrédients par le basilic thaï, le café, le curry, la mangue, la noisette, la noix de coco grillée, le pain d'épices ou le sirop d'érable, tous complémentaires à l'ananas et au girofle.

INGRÉDIENTS

155 g (2/3 tasse, plus 1 noix) de beurre

80 g (1/2 tasse) de sucre glace

1 œuf

250 g (2 tasses) de farine

1 jaune d'œuf

2 g (1 c. à thé) de cannelle en poudre

1/2 gousse de vanille

1 ananas mûr

5 g (1 c. à thé) de beurre

15 ml (1 c. à soupe) de cassonade

60 ml (1/4 tasse) de jus d'ananas

5 ml (1 c. à thé) de rhum brun

6 clous de girofle

PRÉPARATION

1. Préparer une pâte sucrée. Dans un bol mettre 150 g (2/3 tasse) de beurre et le sucre glace. Fouetter avec un batteur électrique jusqu'à ce que le mélange blanchisse. Ajouter l'œuf et la farine en plusieurs fois puis ajouter le jaune d'oeuf, la poudre de cannelle et la gousse de vanille grattée. Enrober la pâte obtenue d'une pellicule plastique, puis réserver au réfrigérateur pendant au moins 2 heures.

2. Peler l'ananas, puis retirer les yeux avec la pointe d'un petit couteau. Le tailler en deux et retirer le cœur avec un couteau.

3. Dans une casserole chaude, mettre la noix de beurre et faire colorer l'ananas. Ajouter la cassonade et laisser caraméliser.

4. Déglacer avec le jus d'ananas et le rhum. Faire bouillir et ajouter les clous de girofle.

5. Couvrir et mettre dans un four préchauffé à 160°C (325°F) pendant 15 minutes.

6. Sortir la pâte pour la laisser tempérer. À l'aide d'un rouleau, abaisser la pâte, la piquer avec une fourchette, et la mettre au four pendant 10 minutes à 180°C (350°F).

7. À la sortie du four, tailler deux rectangles de la taille des morceaux d'ananas, puis remettre au four pendant 5 minutes pour dorer la pâte.

FINITION

Déposer les morceaux d'ananas confits sur la pâte et servir avec de la glace à la vanille.

ROMARIN

UN SUDISTE AU PROFIL... ALSACIEN

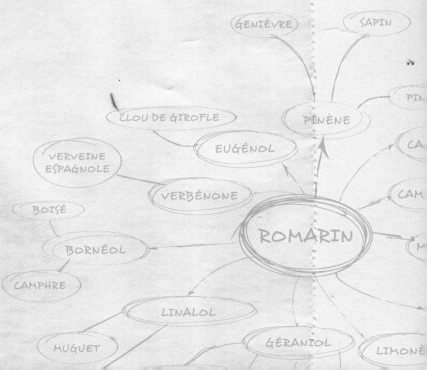

FROMAGE DE CHÈVRE CENDRÉ À L'HUILE D'OLIVE ET ROMARIN

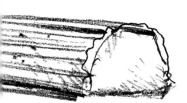

Pistes harmoniques des liquides

Comme je vous l'explique en introduction de cette recette, il faut savoir que le romarin appelle soit un riesling, soit un xérès fino. Partant de cette piste, libre à vous de servir votre riesling favori, tout comme votre référence en matière de xérès fino.

Le romarin a beau être du bassin méditerranéen, c'est avant tout l'herbe du cépage riesling, avec qui elle partage de nombreuses molécules aromatiques de la famille des terpènes. Vous pouvez aisément parfumer une huile chaude avec les autres aliments complémentaires au romarin (cardamome, laurier, lavande, sauge ou verveine), et ainsi réussir les mêmes harmonies avec les mêmes types de vins.

Nous avons atteint l'harmonie parfaite lors de la création de cette recette avec :

Manzanilla Papirusa Solera Reserva, Xérès Emilio Lustau, Espagne

et

Riesling Spitzer Singerriedel « Smaragd » 1998 Wachau, Freie Weingärtner Wachau, Autriche

L'idée de faire mariner du fromage de chèvre dans l'huile parfumée d'herbes est vieille comme le monde. Partant de cette préparation, j'ai eu l'idée d'utiliser du romarin pour créer un mariage heureux avec soit un riesling, soit un xérès fino. Dans le tome I de *Papilles et Molécules*, je vous proposais, au chapitre Fino et oloroso, de faire mariner vos fromages de chèvre secs dans de l'huile au romarin. Stéphane a eu l'éclair de génie d'inciser un chèvre cendré afin d'y déposer l'huile de romarin chaude. Le résultat est subtil et original et laisse une plus grande place aux saveurs du fromage. Vous pouvez aussi concocter une huile avec l'un des nombreux ingrédients de la famille des anisés, comme le basilic ou la menthe fraîche, puis de servir cette fois-ci avec ce fromage au goût maintenant anisé un vin blanc de même famille, comme le sont ceux de sauvignon blanc !

INGRÉDIENTS

30 ml (2 c. à soupe) d'huile d'olive
2 branches de romarin frais
1 barre de 125 g de fromage de chèvre cendré Cendrillon, Alexis de Portneuf

PRÉPARATION

1. Dans une petite casserole, mettre l'huile à chauffer doucement, à environ 65°C (150°F). Retirer du feu et mettre les feuilles de romarin séparées des branches. Couvrir d'une pellicule plastique. Réserver.

2. Pratiquer une incision en forme de rectangle (voir photo) sur la croûte du dessus du fromage bien froid. À l'aide d'un petit couteau, retirer la croûte et creuser un peu pour recevoir l'huile au romarin.

3. Lorsque l'huile de romarin est tiède, la verser dans la tranchée du fromage.

FINITION

Première option :

Recouvrir le fromage d'une pellicule plastique. Déposer au réfrigérateur pendant 48 heures. Laisser tempérer un bon 2 heures avant de le déguster.

Deuxième option :

Placer le fromage au four pour le faire tiédir et le déguster sur du pain de campagne juste grillé.

GIGOT D'AGNEAU, CUISSON LENTE, AU ROMARIN, CASSEROLE DE PANAIS À LA CARDAMOME

Ce gigot d'agneau au romarin m'est venu en tête pendant mes recherches sur les aliments et les vins dans l'univers des composés volatils terpéniques du romarin. Tout bon sommelier créera ici l'harmonie, entre autres avec des vins rouges du Midi, au profil « garrigue ». Mais pour provoquer une surprise en servant ce plat à vos convives, accompagnez-le d'un verre de… riesling! C'est exactement « par et pour » le riesling que cet agneau a été envisagé. Sachez que le riesling est le romarin du Nord!

INGRÉDIENTS
6 panais moyens
125 ml (1/2 tasse) de crème 15 %
125 ml (1/2 tasse) de bouillon de volaille
3 graines de cardamome verte
Sel, poivre
30 ml (2 c. à soupe) d'huile d'olive
1 gigot désossé de 1,8 kilo (4 lb)
1 bouquet de romarin frais

PRÉPARATION
1. Éplucher et laver les panais, les tailler en cubes moyens. Dans une casserole d'eau bouillante, les faire blanchir pendant 7 minutes. Transférer immédiatement dans un bol d'eau glacée pour arrêter la cuisson.
2. Dans une autre casserole, mettre la crème et le bouillon de volaille ainsi que les graines de cardamome. Porter à ébullition et faire réduire du tiers. Saler avec parcimonie.
3. Déposer les panais égouttés dans la crème de volaille. Cuire pendant 5 à 6 minutes, selon la taille des panais.
4. Rectifier l'assaisonnement au besoin.
5. Dans une cocotte en fonte, faire chauffer l'huile d'olive et mettre le gigot assaisonné à colorer.
6. Faire préchauffer le four à 180 °C (350 °F). Mettre la pièce de viande au four avec le bouquet de romarin. Cuire environ 45 minutes (compter 15 minutes par demi-kilo ou livre).
7. Sortir du four et couvrir d'une feuille d'aluminium. Laisser reposer pendant 10 minutes.

FINITION
Passer au four chaud avant de servir pour donner un petit coup de chaleur.

Pistes harmoniques des liquides
Eh oui, agneau et riesling! C'est que le grand pouvoir d'attraction des ingrédients terpéniques (romarin et cardamome) de cette recette d'agneau entre en accord tellement intensément avec les saveurs tout aussi camphrées/terpéniques des vins blancs de riesling, servis à plus ou moins 14°C, que l'accord va au-delà de l'union vin rouge et viande rouge. Toute la solidité de la thèse d'harmonies et de sommellerie moléculaires tient dans cette étourdissante harmonie aromatique. Enfin, notez que si l'agneau est fortement saisi avant cuisson, le riesling devra être plus mature. Donc, plus caramélisé sera l'agneau, plus âgé sera le riesling, mais toujours aussi blanc sera le vin!

Nous avons atteint l'harmonie parfaite lors de la création de cette recette avec :
Riesling Muenchberg 2003 Alsace Grand Cru, André Ostertag, France

INGRÉDIENTS

Pour le bouillon

2,5 l (10 tasses) d'eau
Les os des longes
5 g (1 c. à thé) de sel fin
1 branche de romarin
1 branche de thym frais
1 oignon moyen
2 carottes moyennes
1 branche de céleri
1 poireau
2 panais de grosseur moyenne
2 rabioles (navets) de grosseur moyenne
3 clous de girofle
6 grains de poivre noir concassés

2 longes courtes d'agneau du Québec sans os

Pour le condiment au curcuma

80 ml (1/3 tasse) de bouillon du pot-au-feu
3 g (1 c. à thé) de fécule de maïs
10 ml (2 c. à thé) de vinaigre balsamique blanc
5 g (1 c. à thé) de curcuma en poudre

Pour la gelée de bouillon

2 g (1 c. à thé) d'agar-agar
250 ml (1 tasse) de bouillon
   (dégraissé après cuisson)

Fleur de sel
Romarin

POT-AU-FEU FROID D'AGNEAU CUIT ROSÉ, CUBES DE BOUILLON À LA SAUGE, CONDIMENT AU CURCUMA, SEL DE ROMARIN

Curcuma, sauge et clou de girofle sont les aliments complémentaires au romarin qui a donné la piste harmonique de cette recette « redéfinition » du classique pot-au-feu. Avec son odeur chaude et épicée, la sauge, magnifiée sous forme de cubes de bouillon gélifiés, est l'élément central de cette recette qui permet d'unir les saveurs de tous les ingrédients et de parvenir à un résultat des plus harmonieux. La sauge partage avec le romarin des composés volatils dominants et plus que puissants, dont le carnosol et le picrosalvin. Parmi la liste des autres aliments complémentaires au romarin, publiée dans le tome I de *Papilles et Molécules*, vous pourriez transformer cette recette à votre guise en utilisant la bergamote, la bière d'épinette, la cannelle, la cardamome, le cèdre, le genièvre, le laurier, la lavande ou la verveine. Laissez aller votre imagination !

PRÉPARATION

1. Préparer le bouillon. Dans une casserole à fond épais, mettre l'eau et les os. Faire frémir et écumer pour que le bouillon soit le plus clair possible. Au bout de 10 minutes de cuisson, quand le bouillon est clair, ajouter les autres ingrédients. Cuire à feu doux pendant 25 minutes.

2. Entre-temps, préparer la viande. À l'aide d'un couteau souple, retirer la couche graisseuse des longes ainsi que la fine couche nerveuse en surface. Couper la graisse en cubes et les ajouter au bouillon.

3. Préparer le condiment au curcuma. Dans une petite casserole, filtrer la quantité de bouillon indiquée. Diluer la fécule de maïs avec le vinaigre balsamique et verser dans le bouillon. Ajouter le curcuma et cuire en remuant constamment à l'aide d'un fouet (le mélange épaissira à la cuisson). Laisser frémir quelques minutes. Réserver.

4. Quand le bouillon est prêt, y placer les longes d'agneau. Tenir à frémissement pour cuire la viande de façon uniforme. Cuire pendant environ 4 minutes de chaque côté et transférer sur une assiette froide pour arrêter la cuisson.

5. Préparer la gelée de bouillon. Diluer l'agar-agar dans le bouillon et cuire en remuant constamment à l'aide d'un fouet pendant 2 minutes. Verser le contenu dans un plat carré, où la hauteur de la gelée sera de 1,5 cm (1/2 po). Placer au réfrigérateur. Au bout de 30 minutes, tailler en cubes.

FINITION

Dresser le pot-au-feu avec les légumes du bouillon taillés et assaisonnés à l'huile d'olive. Ajouter des cubes de gelée, quelques pointes de condiment et quelques grains de fleur de sel et du romarin frais.

Pistes harmoniques des liquides

Parmi les liquides qui partagent des molécules aromatiques avec le romarin, il faut citer le très britannique thé Earl Grey, parfumé à la bergamote, ainsi que la très québécoise Bière d'Épinette à l'ancienne Marco. Deux pistes sur mesure pour créer l'harmonie avec ce pot-au-feu, les jours « sans alcool », tout en brisant la routine ! Chez les bières, une India Pale Ale serait bienvenue. Enfin, les amateurs de vins seront ravis de s'amuser avec, en blanc, un gewürztraminer sec, et, en rouge, soit avec un cabernet sauvignon austral (Australie, Californie ou Chili), soit avec un grenache méditerranéen (Espagne, Languedoc ou Rhône septentrional). Pourquoi voguer entre cabernet et grenache ? Tout simplement parce que, selon leur origine, ils expriment tous deux des composés volatils jouant dans l'univers du romarin.

Nous avons atteint l'harmonie parfaite lors de la création de cette recette avec :
Soupe (servie dans une petite tasse à thé japonaise) : *Vraie crème de champignons_Mc²* (page 63)
Thé : Thé Earl Grey Noir, Sri Lanka (www.camellia-sinensis.com)
Vin rouge : Les Christins 2006 Vacqueyras, Perrin et Fils, France

CRÉMEUX CITRON, MERINGUE / SIPHON AU ROMARIN

À partir de mon idée d'une recette de tarte « siphon » au romarin énoncée dans le tome I de *Papilles et Molécules*, Stéphane et moi avons fait évoluer cette inspiration. Les saveurs terpéniques du romarin et du citron demeurent au cœur de cette création, qui m'était d'abord venue en bouche par les parfums d'un riesling vendanges tardives, riche en effluves de l'univers aromatique des terpènes comme le romarin. Le nordique riesling et le sudiste romarin : deux mondes, mais une seule et unique famille moléculaire! Amusez-vous à parfumer cette meringue avec les aliments complémentaires au romarin, comme la bergamote, la cardamome, le cèdre, l'eucalyptus, le genièvre, le laurier, le mastic de Chios, la sauge, et même la bière d'épinette. Que diriez-vous d'une tarte « siphon » à la cardamome?

Pistes harmoniques des liquides

Un riesling vendanges tardives s'impose qu'il soit d'Alsace ou d'Allemagne (auslese et beerenauslese) ou encore de Californie. Mais il est aussi possible d'atteindre le nirvana harmonique en optant pour un vin de glace canadien à base de riesling. Difficile ici de ne pas rester branché sur l'électrique riesling... Mais il est aussi possible de demeurer dans la sphère harmonique en y allant d'un très jeune gewürztraminer vendanges tardives, tout comme d'un juvénile vin doux naturel à base de muscat, en prenant soin de les servir très frais, afin d'aider à mettre en avant-scène leur acidité naturellement plus discrète que celle du riesling. C'est que ces deux cépages font également partie de la famille des cépages dits terpéniques avec le riesling. D'où le lien aromatique que ces trois variétés ont en commun avec le romarin et ses aliments complémentaires.

Nous avons atteint l'harmonie parfaite lors de la création de cette recette avec :
Riesling Icewine 2007 Niagara Peninsula VQA, Henry of Pelham, Canada

INGRÉDIENTS

Le jus de 3 citrons jaunes
3 œufs entiers
50 g (1/4 tasse) de beurre
125 g (2/3 tasse) de sucre
250 ml (1 tasse) de crème 15 %
5 branches de romarin
250 ml (1 tasse) de crème 35 %
1 blanc d'œuf

PRÉPARATION

1. Dans une casserole, verser le jus de citron filtré.

2. Ajouter les œufs et chauffer en remuant constamment. Une fois à ébullition, baisser le feu et remuer encore 1 minute.

3. À l'aide d'une spatule en plastique, verser la crème de citron dans un cul-de-poule. Ajouter le beurre bien froid en cubes en l'intégrant avec un fouet. Couvrir d'une pellicule plastique. Réserver au réfrigérateur.

4. Préparer la meringue / siphon. Prélever les feuilles de romarin, les hacher finement. Dans une casserole, amener la crème 15 % à ébullition. Ajouter le romarin hors du feu et couvrir. Laisser infuser pendant 10 minutes.

Note : le siphon et ses cartouches sont disponibles dans les magasins de matériel de cuisine, ou sur le site www.creamright.com.

5. Placer l'infusion et le blanc d'œuf dans un bol de malaxeur, émulsionner le tout. Filtrer à l'aide d'une passoire fine et verser dans un siphon à Chantilly. Remuer vigoureusement. Réserver au réfrigérateur.

FINITION

Placer une bonne cuillerée de crémeux au citron dans le fond d'une verrine. Sur le dessus et juste avant de servir, déposer de la meringue au romarin. Déguster.

SAFRAN

LA « REINE-ÉPICE »

EFEUILLE
ÈVRE
EUROPÉEN

E SAPIN
OSES SÉCHÉS
VARIÉTÉ CEYLAN OU

FIGUE FRAÎCHE
FLEUR D'OSMANTHUS
FLEUR DE BORONIA
GINGEMBRE
LAVANDE SÉCHÉE
MATÉ
MENTHE
PAMPLEMOUSSE ROSE
PAPRIKA
PERSIL
PIMENTÓN
POIREAU
POMME GOLDEN

POMME JAUNE
POMME-POIRE
RAISIN
ROMARIN
ROSE
SAUGE
TABAC
BIÈRE D'ÉPINETTE
THÉ NOIR
THÉ VERT GYOKURO

Cette recette colorée est inspirée par le safran et ses nombreux aliments complémentaires, qui partagent ses caroténoïdes – qui lui donnent sa couleur – ainsi que quelques composés volatils dominants, qui participent à son bouquet singulier. Plus de 150 molécules volatiles contribuent au parfum unique du safran, dont une dizaine de composés dominants, comme le pinène (pin/sapin), le cinéol (eucalyptus et cardamome) et surtout le safranal (safran). Ces molécules nous ont mis sur la piste de la lavande, du pamplemousse rose, des raisins blonds, du thé noir, de la tomate et enfin de la pieuvre. Cette dernière, certes très colorée, a très peu de saveur à moins d'être saisie, grillée ou rôtie. Mais c'est surtout en l'associant à des aliments de même famille moléculaire que la magie opère. Comme dans cette recette où la fusion lavande/safran fait merveille. Sans oublier l'effet explosif des raisins blonds, préalablement gorgés de thé noir, de tomate et de paprika, qui éclatent sur les papilles !

PATTES DE PIEUVRE RÔTIES, COMPOTE DE TOMATES AU THÉ NOIR, PAMPLEMOUSSE ROSE, LAVANDE ET SAFRAN DU MAROC

INGRÉDIENTS

3 tomates bien mûres
2 oignons verts avec la fane
125 ml (1/2 tasse) d'infusion de thé noir
40 g (1/4 tasse) de raisins blonds secs (type Sultana)
5 g (1 c. à thé) de concentré de tomates
3 g (1 c. à thé) de paprika fort
1 g (1 c. à thé) de lavande séchée
1 pincée de pistils de safran
240 g (8,5 oz) ou 2 pattes de pieuvre cuite
Sel et poivre
1 pamplemousse rose
Huile d'olive
Fleur de sel

PRÉPARATION

1. Supprimer les pédoncules des tomates et faire une incision en forme de croix sur le côté opposé pour faciliter l'épluchage. Plonger les tomates dans une casserole d'eau bouillante 7 à 8 secondes. Transférer immédiatement dans un bol d'eau glacée. Au bout de quelques secondes, les peler, les tailler en deux, et les presser pour retirer les graines.

2. Tailler les tomates en dés, et les oignons verts en julienne.

3. Préparer l'infusion de thé noir. Y mettre ensuite les raisins à tremper pour une dizaine de minutes.

4. Dans une poêle, faire revenir les oignons. Une fois colorés, mettre le concentré de tomates. Cuire 1 minute. Ajouter les tomates, le paprika et le thé noir avec les raisins.

5. Faire réduire le concassé de tomates presque à sec, et ajouter la lavande et le safran. Laisser mijoter 2 minutes. Rectifier l'assaisonnement, couvrir et laisser infuser.

6. Dans une poêle chaude, faire colorer les pattes de pieuvre, taillées en gros tronçons et assaisonnées. Les poser ensuite sur le concassé de tomates.

7. Prélever les suprêmes du pamplemousse. Réserver.

FINITION

Dans une assiette creuse, placer le concassé tiède dans le fond, les pattes de pieuvre, les quartiers de pamplemousse, un trait d'huile d'olive et de la fleur de sel.

Pistes harmoniques des liquides

Chez les propositions liquides qui permettent de créer l'harmonie à table, il y a avant tout l'originalité d'accompagner ce plat de notre plus que parfumée et simplissime recette de *Vraie crème de champignons_Mc²* (page 63), parfumée à la lavande et servie dans une petite tasse de thé japonaise. L'union est aérienne et provoque une persistance inouïe des saveurs en bouche. Il y a aussi la bière, plus particulièrement la bière de type India Pale Ale, fortement houblonnée et à l'amertume décapante et rafraîchissante, qui est marquée par le même profil moléculaire que le safran et que ses aliments complémentaires utilisés dans cette recette. Enfin, lorsque le safran est dans le décor, il faut avant tout opter pour un vin blanc de riesling, qui possède de multiples composés volatils de ce dernier.

Nous avons atteint l'harmonie parfaite lors de la création de cette recette avec :
Soupe (servie dans une petite tasse de thé japonaise) : *Vraie crème de champignons_Mc²* (page 63)
Bière IPA : La Vache Folle « Double IPA Amarillo », Bière India Pale Ale, Microbrasserie Charlevoix, Québec
Vin blanc : Riesling Villa Maria Private Bin 2008 Marlborough, Nouvelle-Zélande

CALMARS EN TEMPURA D'AMANDES, FLEUR DE SEL AU CÈDRE, MOUSSE DE RIZ EN PAELLA

Comme le pinène, à la saveur de pin/sapin/genièvre, compte parmi les molécules volatiles dominantes dans la structure aromatique du safran, Stéphane et moi nous sommes inspirés de ce composé pour créer ce plat. Le pinène est aussi présent dans de multiples herbes et épices, dont le cèdre. Il est hautement réactif au contact de l'iode, sublimant le goût de ce dernier. Donc, si vous cuisinez un fruit de mer, au goût iodé, comme le calmar, avec du safran, tout comme avec l'un des autres ingrédients riches en pinène, la note iodée sera dominante dans le gène de saveur du plat. Enfin, pour exprimer le safran, nous nous sommes inspirés du gène de goût de la paella, pour le transposer dans une époustouflante mousse de paella. À elle seule, cette mousse mérite le détour! Elle pourrait aisément être servie sur des croûtons de pain grillé en guise de tapas.

Pistes harmoniques des liquides

Il est intéressant de noter que le pinène est soluble dans l'alcool, et donc au contact du vin. Dans l'harmonie avec le vin, un fruit de mer iodé vous paraîtra encore plus iodé si le vin servi est fortement marqué par un arôme de la famille du pinène, comme le sont généralement ceux à base de riesling, tout comme le xérès fino et le manzanilla. C'est ce qui explique l'union belle entre un riesling et des huîtres ou des langoustines, lorsque ces dernières sont vraiment iodées. Mis à part le vin, sachez que la bière de type India Pale Ale abonde aussi dans le même sens que le riesling. Enfin, les thés verts sencha sont aussi dans la ligne de mire aromatique du safran.

Nous avons atteint l'harmonie parfaite lors de la création de cette recette avec :
Riesling Wehlener Sonnenuhr Kabinett 2007
Mosel-Saar-Ruwer, Weingut S. A.
Prüm, Allemagne

INGRÉDIENTS
Pour la fleur de sel au cèdre
2 g (1 c. à thé) de poudre de cèdre
12 g (1 c. à soupe) de fleur de sel nature

Pour la mousse de paella
1/2 oignon jaune moyen
2 grains d'ail frais
30 ml (2 c. à soupe) d'huile d'olive
60 ml (1/4 tasse) de riz rond
80 ml (1/3 tasse) de bouillon de volaille
80 ml (1/3 tasse) de jus de palourdes
5 ml (1 c. à thé) de pimentón doux
1 pincée de pistils de safran
125 ml (1/2 tasse) de crème 35 %

Pour les calmars frits
454 g (1 lb) de calmars nettoyés frais
160 ml (2/3 tasse) de mélange de pâte à tempura
125 ml (1/2 tasse) d'eau froide
10 g (1 c. à soupe) de poudre d'amande
2 gouttes d'extrait d'amande amère
1 l (4 tasses) d'huile végétale
60 g (1/2 tasse) de farine

PRÉPARATION

1. Préparer la fleur de sel au cèdre. Sur la branche de cèdre, prélever les pousses de l'année (couleur verte plus claire). Dans une casserole d'eau bouillante plonger les pousses de cèdre pendant quelques minutes. Il s'agit à cette étape de fixer la chlorophylle, mais surtout d'assainir les feuilles de polluants extérieurs (pesticides et autres). Transférer les pousses dans un bol d'eau glacée pour arrêter la cuisson. Éponger au maximum. Déposer sur une plaque à pâtisserie et mettre dans un four préchauffé à 95°C (200°F) pendant 15 minutes. Laisser hors du four une journée entière pour obtenir un produit sec et cassant. Passer le tout au moulin à café pour réduire en poudre, puis mélanger la quantité requise avec la fleur de sel.

2. Préparer la mousse de paella. Dans une casserole, faire suer l'oignon et l'ail émincés dans l'huile d'olive. Ajouter le riz et remuer pour l'enrober d'huile. Verser le bouillon de volaille et le jus de palourdes, porter à ébullition et ajouter les épices. Cuire pendant 15 minutes à feu doux. Verser dans le bol du malaxeur et réduire en une purée onctueuse. Ajouter la crème froide et passer dans un chinois étamine jusqu'à l'obtention d'une crème lisse. Au besoin, rectifier l'assaisonnement et placer la crème dans un siphon, puis au réfrigérateur jusqu'à complet refroidissement. Charger le siphon de la cartouche de gaz propulseur, remuer vigoureusement et conserver au froid.

Note : le siphon et ses cartouches sont disponibles dans les magasins de matériel de cuisine, ou sur le site www.creamright.com.

3. Préparer les calmars frits. Rincer les calmars et les placer sur un papier absorbant pour les sécher. Préparer la tempura selon les instructions du fabricant. Ajouter la poudre d'amande et l'extrait d'amande amère. Faire chauffer l'huile dans une casserole à hauts rebords. Rouler les calmars dans de la farine, enlever l'excédent et les déposer dans la tempura. Mettre les calmars un à un dans le bain de friture chaud et frire jusqu'à ce que la tempura soit dorée et croustillante. Placer sur un papier absorbant et saupoudrer de sel au cèdre.

FINITION

Placer les calmars frits dans une corbeille pourvue d'un papier absorbant. Mettre de la mousse de paella dans un ramequin, celle-ci servira de trempette. Déguster.

INGRÉDIENTS

1 kilo (2 lb) de carré de porcelet
   de la ferme Gaspor
5 g (1 c. à thé) de beurre salé
20 ml (1 1/2 c. à soupe) d'huile d'olive
Sel et poivre
Pincée de safran

Pour le jus de cochon

Les parures du carré
2 carottes moyennes
1 oignon jaune
125 ml (1/2 tasse) de jus de pomme golden
125 ml (1/2 tasse) de bouillon de volaille maison
1 feuille de laurier

Pour la garniture

125 ml (1/2 tasse) de jus de pomme golden
125 ml (1/2 tasse) de bouillon de volaille
   maison sans sel
5 g (1 c. à thé) de beurre salé
8 carottes moyennes
5 ml (1 c. à thé) d'huile d'olive
2 pommes golden
Pistils de safran
1/2 petit melon d'eau
Romarin

CARRÉ DE PORCELET DE LA FERME GASPOR AU SAFRAN, CAROTTES, POMMES GOLDEN ET MELON D'EAU

Pomme, carotte, safran et même melon d'eau sont tous des aliments marqués par les caroténoïdes, une famille de molécules qui signe une partie importante de leur identité respective. Le safran est la reine-épice, certes, mais aussi le liant aromatique entre chacun des éléments de la recette. Quant au porcelet, étant riche en lactones, des composés volatils au goût fruité/sucré (abricot, pêche, noix de coco), il s'acoquine depuis toujours avec les fruits comme la pomme et le melon d'eau. Il ne restait plus qu'à tous les unir pour ainsi s'en régaler. C'est chose faite!

PRÉPARATION

1. Parer le carré de porcelet. Manchonner les côtes et retirer la partie de la colonne. Réserver les parures pour réaliser le fond de cuisson.

2. Préparer une casserole d'eau bouillante salée. Y plonger le carré de porcelet pendant 2 minutes, puis le refroidir dans un bol d'eau glacée. Le réserver sur un papier absorbant.

3. Préparer le jus de cochon. Dans une casserole, faire colorer les parures de porcelet, dégraisser puis ajouter les carottes et l'oignon épluchés et taillés en gros morceaux. Faire revenir encore quelques minutes. Déglacer avec le jus de pomme et le bouillon. Ajouter la feuille de laurier et laisser mijoter pendant 5 minutes.

4. Dans une poêle, faire fondre le beurre dans l'huile d'olive. Assaisonner le carré de porcelet et le placer à colorer du côté de la peau préalablement incisée. Lorsque la couenne est colorée et croustillante, placer sur le fond de cuisson, ajouter le safran et mettre dans un four préchauffé à 180°C (350°F) pendant 40 minutes. À la sortie du four, laisser la viande reposer dans la casserole.

5. Préparer la garniture. Dans une casserole moyenne, faire chauffer le jus de pomme, le bouillon et le beurre. Une fois à ébullition, ajouter les carottes épluchées et taillées en tronçons. Dans une poêle, faire chauffer l'huile d'olive et faire colorer les pommes épluchées et taillées en 8. Quand le jus des carottes aura réduit de moitié, placer les pommes dans la casserole et ajouter le safran. Cuire encore quelques minutes. Au besoin, rectifier l'assaisonnement, puis réserver.

FINITION

Placer la garniture dans le fond d'un plat, y poser le carré de porcelet, napper du jus de cuisson. Tailler de petits dés de melon d'eau froid et parsemer le tout.

Pistes harmoniques des liquides

C'est votre plat de l'été pour mettre en valeur votre vin rosé favori, car l'un des types de vin les plus riches en caroténoïdes est justement le vin rosé. Servez votre rosé à température plus élevée que d'habitude, c'est-à-dire à 15°C, et vous serez surpris de constater la richesse de ce vin et l'union juste et précise avec ce plat haut en couleur et en saveur. Un sauvignon blanc, tout comme un fumé blanc, mais de région chaude, ou de quelques années de bouteilles, et élevé en barriques de chêne fera aussi sensation. Enfin, notez que vous serez enchanté par l'union juste et précise entre le vin rosé et le melon d'eau – et même avec un blanc mature à base de sauvignon blanc!

Nous avons atteint l'harmonie parfaite lors de la création de cette recette avec :
Vin rosé : Pétale de Rose 2009 Côtes-de-Provence, Régine Sumeire, France
Vin blanc : Cuvée des Conti 2003 Bergerac Sec, Château Tour des Gendres, France

geisha BUCHERONNE

ABRICOT
AMANDE GRILLÉE
ANANAS
ARACHIDE GRILLÉE
BARBE À PAPA
BOIS DE SANTAL
CACAO/CHOCOLAT NOIR
CAFÉ
CANNELLE
CÉLERI CUIT ET SEL DE
CÉLERI
CERISE
CHAMPIGNONS
CHICORÉE TORRÉFIÉE
CLOU DE GIROFLE

CRUSTACÉS
CURRY
EUCALYPTUS
FÈVE TONKA
FRAISE
FRAMBOISE
FROMAGE SUISSE
GUIMAUVE
GRAINES DE FENUGREC
GRILLÉES
LAIT CUIT
MAÏS SOUFFLÉ
NOISETTE GRILLÉE
NOIX DE COCO
PAIN GRILLÉ

PÊCHE
POISSON FUM
POUDRE DE
PRUNE
RAISIN
RÉGLISSE
SAUCE SOYA
TABAC
TACOS CUITS
VANILLE
VIANDE GRI
FUMÉE OU R
VINAIGRE B.
YLANG-YLAN

SIROP D'ÉRABLE

LA SÈVE AROMATIQUE D'IDENTITÉ QUÉBÉCOISE

INGRÉDIENTS

Pour la coque de chocolat blanc caramélisé
200 g (7 oz) de chocolat blanc en pistoles
100 g (3,5 oz) de beurre de cacao

Pour la pâte sucrée
150 g (1/3 lb) de beurre
1/2 gousse de vanille
90 g (3/4 tasse) de sucre glace
1 œuf
250 g (2 tasses) de farine
1 jaune d'œuf

Pour la guimauve à l'érable
10 g (5 feuilles de 2 g) de feuilles de gélatine
375 ml (1 1/2 tasse) de sirop d'érable
3 blancs d'œufs
4 gouttes d'extrait d'amande amère

« WHIPPET_Mc^2 » : GUIMAUVE AU SIROP D'ÉRABLE VANILLÉ, COQUE DE CHOCOLAT BLANC CARAMÉLISÉ

Le *Whippet*, petit biscuit surmonté de guimauve enrobée de chocolat, est au Québec pratiquement aussi intouchable que la poutine… Mais comme la guimauve adore se lier au sirop d'érable, elle nous a donné la force et le culot de retoucher cette gourmandise à notre façon. Les ingrédients complémentaires au sirop d'érable ont servi à sa nouvelle architecture aromatique : vanille, amande et chocolat blanc.

PRÉPARATION

1. Préparer la coque de chocolat. Préchauffer le four à 120°C (250°F). Placer le chocolat blanc sur un Silpat (disponible en magasin) et enfourner. Surveiller attentivement la cuisson. Le chocolat ne doit pas brûler. Toutes les 10 minutes, sortir la plaque du four et mélanger le chocolat blanc à l'aide d'une spatule en métal. Sortir du four une fois que le chocolat sera lisse et aura une belle couleur caramélisée (environ 40 minutes). Faire fondre le beurre de cacao. Mélanger le chocolat blanc et le beurre de cacao dans un bol mélangeur, passer et mettre au bain-marie. Réserver.
2. Préparer la pâte sucrée. Dans un bol, mettre le beurre et la gousse de vanille grattée. Battre au fouet jusqu'à ce que le mélange soit blanc et aérien. Ajouter le sucre glace, puis l'œuf. Continuer de mélanger, puis ajouter la farine en plusieurs fois. Lorsque le mélange commence à devenir un peu ferme, ajouter le jaune d'œuf et finir de verser la farine. Laisser reposer la pâte au moins 1 heure au réfrigérateur, recouverte d'une pellicule plastique. Abaisser la pâte et piquer à l'aide d'une fourchette. Mettre au four préchauffé à 180°C (350°F) et cuire environ 10 minutes. Tailler des petits disques de 2 1/2 cm (1 po) de diamètre, puis les remettre au four 5 minutes pour finir la cuisson.
3. Préparer la guimauve. Mettre les feuilles de gélatine à tremper dans un bol d'eau froide. Mettre le sirop dans une grande casserole. Porter à ébullition. Placer un thermomètre à bonbons. La température à atteindre est de 114°C (237°F). Entre-temps, lorsque la température atteint 110°C (230°F), commencer à monter les blancs d'œufs dans un bol jusqu'à consistance semi-ferme. Quand les blancs sont semi-fermes, verser en filet le sirop qui aura atteint les 114°C (237°F) désirés sur les blancs en neige. Faire fondre la gélatine dans une petite casserole ou au micro-ondes quelques secondes, puis verser sur le mélange de guimauve. Ajouter l'extrait d'amande amère et continuer de fouetter. Placer la guimauve dans une poche à pâtisserie munie d'une douille unie. Faire des petits monticules sur les fonds de pâte sucrée puis mettre au réfrigérateur.

FINITION

Placer les tartes de guimauve sur une grille et à l'aide d'une petite louche glacer les *whippets* avec le mélange de chocolat blanc tiède. Faire l'opération deux fois par gâteau, puis mettre au réfrigérateur.

Pistes harmoniques des liquides

Comme *Whippet* et verre de lait sont inséparables… pourquoi ne pas utiliser les aliments complémentaires au sirop d'érable, qui est la piste harmonique ayant servi à la création de cette recette, pour accompagner notre *Whippet_Mc^2* soit d'un lait d'amandes, d'un lait de sésame, d'un lait de soya à la vanille ou encore d'un lait de coco? C'est que ces quatre saveurs sont à ranger parmi les ingrédients complémentaires au sirop d'érable. Avec sa texture laiteuse et son goût puissant d'amande, le saké nigori, servi froid, est aussi un choix sur mesure. De façon plus classique, vous pouvez aussi créer l'accord avec le porto tawny et les madères bual et malmsey. Puis suivent tous les vins blancs liquoreux de type sauternes de plus ou moins 10 ans de bouteilles. Sans oublier le xérès oloroso, un vieux rhum brun nature ou un bourbon américain.

Nous avons atteint l'harmonie parfaite lors de la création de cette recette avec :
Verre de…lait ! : Lait de sésame et lait de soya parfumé à la vanille
Saké nigori : Saké Nigori Gekkeikan, Japon
Rhum brun : El Dorado Premium 5 ans, Rhum, Demerara Distillers, Guyane

GANACHE AU CHOCOLAT BLANC CARAMÉLISÉ

Cette ganache est inspirée de la coque de chocolat blanc caramélisé servant à la confection de notre amusant *Whippet_Mc²* (page 157), à base de guimauve au sirop d'érable. Ici, pas de sirop d'érable. Mais comme le chocolat blanc fait partie de ses ingrédients complémentaires, d'autant plus qu'il est caramélisé, nous demeurons donc dans l'esprit « érable ». À vous d'utiliser cette ganache blanche à votre guise, que ce soit nature ou en truffes, roulées dans des amandes grillées concassées ou dans de la poudre de curry, tout comme de la marier à d'autres ingrédients complémentaires (arachides grillées, café, cannelle, girofle, poudre de graines de fenugrec grillées, fève tonka, maïs soufflé caramélisé, noisettes grillées, noix de coco grillée) pour créer un dessert à votre goût.

INGRÉDIENTS
200 g (7 oz) de chocolat blanc en pistoles
80 g (1/3 tasse) de crème à 35 %

Pour l'enrobage
56 g (2 oz) de beurre de cacao
100 g (1/2 tasse) de chocolat blanc

PRÉPARATION
1. Préchauffer le four à 120 °C (250 °F). Placer le chocolat blanc sur un Silpat (disponible en magasin) et enfourner. Surveiller attentivement la cuisson. Le chocolat ne doit pas brûler.
2. Toutes les 10 minutes, sortir la plaque du four et mélanger le chocolat blanc à l'aide d'une spatule en plastique.
3. Sortir du four une fois que le chocolat sera lisse et aura une belle couleur caramélisée (environ 40 minutes).
4. Verser le chocolat dans un bol et faire chauffer la crème. Ajouter la crème chaude en trois fois et bien mélanger avec une spatule de plastique pour obtenir une ganache brillante et homogène.
5. Placer au réfrigérateur à couvert pour tiédir le mélange. Une fois que le mélange est tiède, émulsionner à l'aide d'un fouet électrique et placer dans un moule carré.
6. Mettre la ganache au froid jusqu'à complet refroidissement. Tailler des rectangles réguliers et replacer au froid.
7. Préparer l'enrobage. Dans un bain-marie, mettre le beurre de cacao à fondre puis ajouter le chocolat blanc. Lorsque ce mélange aura une belle texture, enrober la ganache.

Pistes harmoniques des liquides
Sélectionnez les mêmes types de liquides recommandés pour notre *Whippet_Mc²* (page 157).

Nous avons atteint l'harmonie parfaite lors de la création de cette recette avec :
Voir à la recette de *Whippet_Mc²* (page 157).

« GUIMAUVE ÉRABLE_Mc^2 » : SIROP D'ÉRABLE, VANILLE ET AMANDES AMÈRES

Après réflexion afin de trouver des aliments pouvant devenir des « supports aromatiques », nous nous sommes aperçus que la guimauve était d'une neutralité quasi parfaite, à l'exemple du tofu ! Mais drôlement plus sympathique et ludique que ce dernier… Pour l'exercice, nous sommes partis sur la piste de l'érable et de ses aliments complémentaires. Partant de là, afin de réaliser votre version de notre *Guimauve érable_Mc²*, vous savez maintenant que vous pourriez piger à votre tour dans la liste des ingrédients complémentaires au sirop d'érable, comme le sont, entre autres, le curry, la cannelle, les graines de fenugrec grillées, la sauce soya, etc.

INGRÉDIENTS
10 g (5 feuilles de 2 g) de feuille de gélatine
375 ml (1 1/2 tasse) de sirop d'érable
3 blancs d'œufs
4 gouttes d'extrait d'amande amère
1 gousse de vanille
30 g (2 c. à soupe) de sucre glace
30 g (2 c. à soupe) de fécule de maïs

PRÉPARATION
1. Mettre les feuilles de gélatine à tremper dans un bol d'eau froide.
2. Mettre le sirop dans une grande casserole. Porter à ébullition. Placer un thermomètre à bonbons. La température à atteindre est de 114 °C (237 °F).
3. Entre-temps, lorsque la température atteint 110 °C (230 °F), commencer à monter les blancs d'œufs dans un bol jusqu'à consistance semi-ferme.
4. Une fois le sirop prêt, verser sur les blancs en neige, puis ajouter l'extrait d'amande amère, et la gousse de vanille grattée.
5. Faire fondre la gélatine dans une petite casserole ou au micro-ondes quelques secondes, puis verser sur le mélange de guimauve.
6. Dans un bol, mélanger le sucre glace et la fécule, puis tamiser une couche fine et uniforme sur une plaque de 20 cm (8 po) de côtés.
7. Verser la guimauve et lisser à l'aide d'une spatule. Recouvrir d'une autre fine couche de mélange de sucre glace et de fécule de maïs à l'aide d'une passoire.
8. Laisser refroidir dans un endroit frais et sec.

Pistes harmoniques des liquides
Partez sur la piste des harmonies liquides proposées pour accompagner notre *Whippet_Mc²* (page 157), aussi à base de guimauve à l'érable et d'amandes. Aussi, si vous êtes en saison estivale, autour d'un feu de camp, privilégiez, pour les enfants, une bière d'épinette à l'ancienne à l'érable Marco, et pour les adultes, une bière brune. À moins d'opter pour un original saké nigori, qui, avec sa texture laiteuse et son goût puissant d'amande, une fois servi froid, entre en polarité avec toutes les recettes autour de l'érable.

Nous avons atteint l'harmonie parfaite lors de la création de cette recette avec :
Boisson gazeuse sans alcool : Bière d'épinette à l'ancienne à l'érable Marco, Québec
Saké Nigori : Saké Nigori Gekkeikan, Japon

« CARAMOUS_Mc^2 » : CARAMEL MOU À SAVEUR D'ÉRABLE « SANS ÉRABLE »

À partir de l'hallucinante recette de caramel mou au beurre de Stéphane, nous avons créé notre *Caramous_Mc²*, qui est en fait un « trompe nez » ! L'idée est de tromper les convives en leur suggérant un caramel mou au parfum de sirop d'érable, mais sans aucune trace d'érable… Comment ? Le parfum du sirop d'érable est marqué par un dominant arôme torréfié de graines de fenugrec grillées, ainsi que par des notes caramélisées et empyreumatiques provenant de la caramélisation et de la réaction de brunissement entre les sucres et les acides aminés (réaction de Maillard) lors de la cuisson de l'eau d'érable. En plaçant le nez au-dessus de graines de fenugrec grillées, on constate l'étonnant parallèle aromatique entre cette épice indienne et le sirop d'érable. Dans le complexe parfum de celui-ci domine une molécule aromatique, la « maple furanone » (*5-éthyl-3-hydroxy-4-méthyl-2-one*), aussi nommée « éthyl fenugreek lactone », qui est une lactone à l'arôme caramélisé d'érable et de graines de fenugrec grillées, encore plus puissante que le sotolon. Donc, le sirop d'érable et les graines de fenugrec grillées sont pratiquement des jumeaux !

INGRÉDIENTS

3 g (1 c. à thé) de poudre de graines de fenugrec grillées
125 ml (1/2 tasse) de lait 3,25 %
125 ml (1/2 tasse) de sirop de maïs clair
150 g (1/2 tasse) de sucre blanc
120 g (1/4 lb) de beurre salé
125 ml (1/2 tasse) de crème 35 %
3 g (1 c. à thé) de cannelle en poudre

PRÉPARATION

1. Dans une poêle à sec, faire griller rapidement les graines de fenugrec. Mettre dans un moulin à café et réduire en poudre.
2. Dans une casserole à fond épais, mettre tous les ingrédients, sauf les épices. Porter à ébullition en remuant constamment à l'aide d'un fouet.
3. Porter à une température de 113 °C (235 °F). Utiliser un thermomètre à bonbons.
Note : il est important de ne pas dépasser cette température sinon le caramel sera trop dur. À l'inverse, il sera trop mou.
3. Une fois le caramel prêt, ajouter les épices et verser le contenu sur une plaque chemisée d'un papier sulfurisé.
4. Laisser refroidir. Démouler puis enrober d'une pellicule plastique. Placer au réfrigérateur.

Pistes harmoniques des liquides

Le choix de l'harmonie liquide est ici très vaste. Il suffit de partir sur la piste aromatique du sirop d'érable et des vins et boissons complémentaires, telles que détaillées dans le tome I de *Papilles et Molécules*. Il y a avant tout le porto tawny et les madères bual et malmsey. Puis suivent tous les vins blancs liquoreux de type sauternes de plus ou moins dix ans de bouteilles. De façon plus originale, mais tout aussi juste et précise, il faut s'amuser avec la bière brune, le xérès oloroso et le saké nigori. Enfin, les amateurs de sensations fortes oseront un vieux rhum brun nature, tout comme un bourbon américain ou un cognac passablement âgé.

Nous avons atteint l'harmonie parfaite lors de la création de cette recette avec :

Bourbon : Knob Creek, Bourbon Kentucky Straight, Jim Beam, États-Unis
'Rhum brun : El Dorado 15 ans Special Reserve, Rhum, Demerara Distillers, Guyane
Porto tawny : Martinez 10 ans, Porto Tawny, Martinez Gassiot & Co., Portugal
Boisson gazeuse sans alcool : Bière d'épinette à l'ancienne à l'érable Marco, Québec

Caramous Cannelle/Fenugrec

« SOYABLE_Mc^2 »

Comme la sauce soya est l'un des condiments les plus riches en molécules aromatiques de même famille que le sirop d'érable, la science explique maintenant la sensibilité des chefs à marier par intuition ces deux ingrédients dans différents plats. Mais c'est dans la cuisson en duo, sans aucun autre ingrédient que la magie opère entre ces deux liquides dominés par le sotolon, signature aromatique amplement détaillée dans le tome I de *Papilles et Molécules*. Lorsque nous avons peaufiné cette approche soya/érable, Stéphane et moi avons obtenu cette délirante sauce dans laquelle Stéphane a trouvé le point de fusion et le juste équilibre entre le sirop d'érable et la sauce soya.

Avec la japonaise sauce soya et le québécois sirop d'érable, le nom s'est imposé de lui-même : *Soyable_Mc^2*. D'où cette illustration de notre emblématique « geisha bûcheronne », façon estampe japonaise, que nous a créée avec maestria notre illustrateur de Québec, Pierre Bouchard. Chose certaine, au moment de la déguster, nous avons rapidement compris qu'elle avait en elle une polyvalence unique pour être servie, disons, à toutes les sauces!

INGRÉDIENTS
250 ml (1 tasse) de sirop d'érable foncé
125 ml (1/2 tasse) de sauce soya
5 ml (1 c. à thé) d'extrait de réglisse noire (type ZAN)

PRÉPARATION
1. Dans une casserole haute, mettre à bouillir le sirop d'érable pendant 1 minute. La température devra atteindre 110°C (230°F). Utiliser un thermomètre à bonbons.
2. Rajouter la sauce soya, puis remettre à bouillir quelques minutes, ou atteindre la même température de 110°C (230°F).
3. Ajouter la réglisse et transférer la sauce obtenue dans un pot de style Masson. Couvrir et faire refroidir avant de conserver au réfrigérateur.

UTILISATION
Cette sauce vous servira avant tout pour vos grillades estivales, qu'elles soient de viandes, de poissons, de crustacés ou de légumes. En mode dessert, elle peut rehausser une recette de chocolat noir comme nulle autre. Elle donne la note harmonique à quelques-unes de nos recettes de cet ouvrage, comme la *Ganache chocolat/Soyable_Mc^2* (page 166), le *Craquant Jacques_Mc^2* (page 53), les *Noix de cajou apéritives à la japonaise « Soyable_Mc^2 »* (page 93) ou le *Pouding poché au thé Earl Grey...* (page 187).

Pistes harmoniques des liquides
Lorsque notre *Soyable_Mc^2* domine dans une recette, il faut voguer dans le royaume harmonique des vins marqués par l'identité aromatique du sotolon : les madères, de type bual et malmsey, les bières brunes de type forte scotch ale, à plus ou moins 8 degrés d'alcool, les portos de type tawny, de 20 ans d'âge, servis légèrement rafraîchis, le saké nigori, les vins blancs liquoreux de type sauternes, idéalement de plus ou moins 10 ans d'âge, les vieux rhums bruns, le vin jaune, le vin santo, le xérès oloroso, les vins doux naturels élevés en milieu oxydatif, et, dans certains cas, les vins blancs secs âgés, au profil oxydatif et les vieux champagnes.

Nous avons atteint l'harmonie parfaite lors de la création de cette recette avec :
Madère : Alvada 5 ans Rich Madeira, Madère, Blandy's, Portugal
Bière : Simple Malt Scotch Ale, Brasseurs Illimités, Saint-Eustache, Québec

« GANACHE CHOCOLAT / SOYABLE_Mc^2 »

Pistes harmoniques des liquides

Dans le royaume harmonique des vins marqués par l'identité aromatique du sotolon, certains types de vins réussissent à nous mener au Saint Graal. Il y a avant tout les madères, de type bual et malmsey, avec leurs parfums torréfiés/caramélisés. Puis les bières brunes de type forte scotch ale, à plus ou moins 8 degrés d'alcool, font un malheur avec ce dessert, spécialement si la ganache est enrobée de maïs soufflé au curry. Les portos de type tawny, de 20 ans d'âge s'en sortent admirablement, spécialement si vous avez la bonne idée de les servir légèrement rafraîchis, afin de ne pas donner la chance à l'alcool de prendre les devants de la scène.

Nous avons atteint l'harmonie parfaite lors de la création de cette recette avec :
Madère : Alvada 5 ans Rich Madeira, Madère, Blandy's, Portugal
Bière : Simple Malt Scotch Ale, Brasseurs Illimités, Saint-Eustache, Québec

Lorsque nous avons peaufiné notre recette de *Soyable_Mc^2* (page 165), cette délirante sauce dans laquelle Stéphane a trouvé le juste équilibre entre le sirop d'érable et la sauce soya, nous avons rapidement compris qu'elle avait en elle une polyvalence unique pour être servie, disons, à toutes les sauces ! Et l'une des premières idées qui nous est venue en bouche a été celle de la fondre dans une ganache de chocolat noir, ce dernier étant de même famille moléculaire que les deux liquides qui ont donné vie à la *Soyable_Mc^2*, c'est-à-dire de l'univers aromatique du sotolon, composé volatil qui signe le plus fortement l'identité de notre sirop d'érable, tout comme de la sauce soya. Québec/Japon, même culture aromatique ?

INGRÉDIENTS
150 g (1/3 lb) de chocolat noir 72 %
60 ml (1/4 tasse) de crème 35 %
80 ml (1/3 tasse) de Soyable_Mc^2 (page 165)

PRÉPARATION
1. Dans un bol, concasser le chocolat.
2. Faire bouillir la crème avec le Soyable_Mc^2.
3. Verser le mélange de crème sur le chocolat, en remuant avec une spatule de plastique.
Note : il est préférable de faire cette opération en trois fois pour émulsionner le mélange et faire fondre le chocolat sans atteindre des températures trop chaudes.
4. Préparer un bol plus grand avec de l'eau et de la glace, mettre le plus petit sur le dessus et battre le mélange avec un fouet électrique. Le mélange blanchira et perdra un peu de sa texture élastique.
5. Réserver le mélange dans un plat hermétique et mettre au réfrigérateur pour au moins 1 heure 30 minutes.

SUGGESTIONS DE SERVICE
Servir au choix avec quelques grains de maïs soufflé au curry (recette *Craquant Jacques_Mc^2*, page 53) parsemés sur les bâtonnets de ganache ou entre deux épaisseurs de ganache, façon sandwich à la crème glacée !

Stéphane et moi avons fait évoluer une recette que j'ai créée, en 2002 au gala de clôture de l'événement caritatif Montréal Passion Vin. J'avais fait, pour cette occasion, l'harmonie entre le sauternes mature Château Rieussec 1979 et une Tatin de foie gras comportant les mêmes ingrédients que celle-ci et servie en guise de dessert (voir photo à la page 60 du tome I de *Papilles et Molécules*). J'avais imaginé ce plat de toutes pièces pour et par ce vin. Les arômes de noix, de curry, de pomme confite

et de caramel de ce sauternes m'avaient mis sur cette piste harmonique. Mes recherches scientifiques des dernières années me permettent maintenant d'expliquer cette création et cet accord qui se positionnent dans l'univers aromatique du sotolon. Donc, partant des mêmes ingrédients, Stéphane a architecturé cette idée autrement, avec la précision qu'on lui connaît, résultant en un plat encore plus éclatant et plus gourmand que la version originelle, de facture plus classique.

TATIN DE POMMES AU CURRY, NOIX DE MACADAMIA SALÉES AU SIROP D'ÉRABLE, TRANCHE DE FOIE GRAS DE CANARD POÊLÉ

INGRÉDIENTS

Pour la Tatin de pommes au curry
3 pommes *Red delicious* (Délicieuse rouge)
1 noisette de beurre salé
10 g (1/2 c. à soupe) de sucre blanc
4 g (1 c. à thé) de curry de Madras en poudre

Pour la croûte de noix de macadamia
125 g (1 tasse) de noix de macadamia rôties salées
60 ml (1/4 tasse) de sirop d'érable

Pour le foie gras
4 tranches de foie gras frais de 80 g (2,5 oz) chacune
Sel, poivre

PRÉPARATION
1. Préparer la Tatin. Éplucher les pommes et les tailler en 6 quartiers en retirant le cœur et les trognons. Dans une casserole moyenne allant au four, mettre la noix de beurre et le sucre. Ajouter les quartiers de pommes et les mettre à feu moyen à couvert. Après 10 minutes, mettre la poudre de curry. Remuer délicatement à l'aide d'une cuillère de bois. Couvrir de nouveau et placer au four préchauffé à 160°C (325°F). pendant 15 minutes. Laisser refroidir dans le plat de cuisson sans retirer le couvercle.
2. Préparer la croûte de noix de macadamia. Concasser grossièrement les noix à l'aide d'un couteau. Dans une poêle, faire bouillir le sirop d'érable. Ajouter les noix concassées et remuer avec une fourchette jusqu'à l'obtention d'une couleur blonde. Déposer sur un papier parchemin.
Note : cette nougatine se travaillera bien tant qu'elle sera chaude. Graisser l'intérieur d'un moule en métal de 5 cm (2 po) de diamètre. Mettre environ 1 1/4 cm (1/2 pouce d'épaisseur) de nougatine et presser pour obtenir un fond de tarte droit et homogène. Laisser refroidir et démouler.
3. Préparer le foie gras. Saler et poivrer, puis mettre dans une poêle chaude allant au four et sans matière grasse. Marquer la coloration des deux côtés et finir la cuisson au four préchauffé à 160°C (325°F) pendant environ 3 minutes, suivant l'épaisseur.

FINITION
Placer les pommes confites sur la croûte de nougatine, puis y déposer le foie gras poêlé.

Pistes harmoniques des liquides
Comme nous jouons ici entre deux pistes aromatiques, celle du sirop d'érable et celle du sotolon, il faut demeurer dans cette zone de confort harmonique. Pour atteindre le nirvana, optez pour un vin blanc liquoreux de type sauternes, donc né de raisins atteints de pourriture noble (*botrytis cinerea*) et ayant une bonne dizaine d'années de bouteilles, voire plus. Plusieurs autres produits permettront quant à eux de demeurer dans la zone de confort. Il y a le vin jaune du Jura, le porto tawny 20 ans d'âge, le madère malmsey et le vin doux naturel blanc élevé en milieu oxydatif. Enfin, certains hydromels liquoreux élevés en milieu oxydatif sont aussi à retenir.

Nous avons atteint l'harmonie parfaite lors de la création de cette recette avec :
Hydromel : Cuvée Blé Noir Réserve « Mïellée » 2000 Hydromel Moelleux, Le Clos des Brumes, La Présentation, Québec
Vin blanc liquoreux : Quintessence du Petit Manseng 1993 Jurançon Moelleux, Domaine de Cauhapé, France

NOIX DE MACADAMIA SABLÉES AU SIROP D'ÉRABLE ET CURRY

Pistes harmoniques des liquides

Le duo érable/curry ouvre la porte à une très large palette de style de vins et de boissons, mais les premiers à franchir le cadre avec éclat sont les vins jaunes du Jura, spécialement si les noix accompagnent le fromage Comté, ainsi que les vins blancs liquoreux de type sauternes, idéalement de quelques années de bouteilles. Ce qui inclut le tokaji aszu hongrois. Suivent avec un discours tout aussi enflammé les xérès de type amontillado et oloroso, ainsi qu'un manzanilla solera reserva, sans oublier le porto tawny, le vin santo toscan et les bières rousses et brunes (servies à température élevée). Fait intéressant à noter, l'union parfaite entre les noix et le vin jaune, tout comme avec le manzanilla, deux vins secs, démontre une fois de plus que le pouvoir d'attraction entre les molécules aromatiques est plus important que l'union des saveurs de base, le sucré dans ce cas-ci, les noix étant sucrées à l'érable.

Nous avons atteint l'harmonie parfaite lors de la création de cette recette avec :

Xérès : Manzanilla Papirusa Solera Reserva, Xérès Emilio Lustau, Espagne
Blanc liquoreux : Samuel Tinon « 5 Puttonyos » 2001 Tokaji Aszú, Hongrie
Bière brune : Corne de Brume, Bière Forte, Microbrasserie À l'abri de la Tempête, Îles-de-la-Madeleine, Québec

Difficile de trouver une meilleure recette pour exprimer le pouvoir d'attraction entre les composés volatils des aliments qui permettent à la « mayonnaise de prendre » entre eux ! Le duo sirop d'érable et curry est l'un de ceux où la polarité entre de multiples molécules de même famille opère à perfection, dont la dominante est le sotolon. D'ailleurs, plongez le nez dans le curry, puis après dans le sirop d'érable, vous remarquerez aisément le lien aromatique unique entre ces deux ingrédients de culture pourtant opposée – l'impact aromatique est le même entre le sirop d'érable et la sauce soya, soit dit en passant. Enfin, il faut aussi servir ces noix érable/curry à l'heure du fromage.

INGRÉDIENTS

100 g (1 tasse) de noix de macadamia salées
125 ml (1/2 tasse) de sirop d'érable
5 g (1 c. à café) de curry de Madras

PRÉPARATION

1. Mettre les noix de macadamia à blondir sur une plaque, dans un four préchauffé à 180°C (350°F) environ 5 minutes.
2. Dans une poêle à larges rebords, mettre le sirop d'érable à bouillir.
Note : pour obtenir la cuisson idéale, il faudra que le sirop d'érable forme de grosses bulles à la surface.
3. Lorsque le point de cuisson sera atteint, mettre les noix de macadamia et remuer à l'aide d'une cuillère de bois.
4. Au fur et à mesure, les noix restitueront leur huile et feront cristalliser le sucre en surface de façon à enrober les noix d'une texture sableuse.
5. Saupoudrer de la poudre de curry et déposer le tout sur un papier ciré.

NON BOISÉ

CHARDONNAY

SAUVIGNON
BLANC

BIÈRE

MAGES À PÂTE
ERME ET À PÂTE
FERME

BLANCHE

AT

SEC OU DOUX

FROMAGES DU QUEBEC ET D'AILLEURS

SUR LEUR PISTE AROMATIQUE

« FONDUE À JOHANNE_Mc² » : CUBES DE FROMAGE À CROÛTE LAVÉE, FRITS ET PARFUMÉS À L'AJOWAN

En pensant aux cubes de fondue parmesan, nous avons accouché de notre rigolote *Fondue à Johanne_Mc²*. Pourquoi « à Johanne » ? Parce qu'en poussant plus loin l'idée du classique munster au cumin, nous avons décidé de parfumer un puissant fromage de même type, donc à croûte lavée, avec de l'ajowan, une épice indienne rappelant vaguement le goût du thym, mais en plus anisé. De l'ajowan à « à Johanne » il n'y avait qu'un pas… Le fromage munster au cumin est toujours élaboré, souvent à l'insu des cuisiniers, avec du carvi, qui est le cumin des prés d'Europe de l'Est, et non le cumin du Moyen-Orient. L'ajowan étant de la même famille que le carvi, tous deux au goût anisé, ceci explique cela.

Pistes harmoniques des liquides

Comme l'ajowan fait partie des ingrédients que j'ai classés dans la famille des anisés, il faut lui privilégier des vins allant dans le même sens aromatique. Si vous conservez la croûte du fromage lors de la confection des beignets de fromage, il vous faudra un vin blanc liquoreux pour soutenir la puissance de ce dernier. Un blanc liquoreux de la Loire, à base de chenin blanc, provenant des appellations Bonnezeaux, Coteaux-du-Layon ou Vouvray le supportera avec brio. Si vous avez retiré cette croûte, un vin blanc sec de la famille des anisés, mais avec beaucoup de présence aromatique et de corps, sera à la hauteur. Sortez vos plus grandes cuvées de rieslings alsaciens et de sauvignons blancs de Pouilly-Fumé, de Menetou-Salon ou de Sancerre, sans oublier une saisissante bière blanche !

Nous avons atteint l'harmonie parfaite lors de la création de cette recette avec :

Vin blanc liquoreux : Les Rouannières 1996 Coteaux-du-Layon Beaulieu, Château Pierre-Bise, France
Bière blanche : Boréale Blanche, Les Brasseurs du Nord, Blainville, Québec

INGRÉDIENTS

60 g (1/2 tasse, plus 1 c. à soupe) de farine
Sel, poivre
1 jaune d'œuf
180 ml (3/4 tasse) de bière blanche à température de la pièce
15 ml (1 c. à soupe) d'huile
150 g (5,5 oz) de « jeune » fromage* munster, d'époisses ou de Sir Laurier
500 ml (2 tasses) d'huile de canola
3 g (1 c. à soupe) de graines d'ajowan

*Note : utiliser un fromage très jeune et très frais. Un fromage plus évolué développe des molécules de saveurs qui, une fois frites, se transforment en de puissantes odeurs de diacétyle, pouvant sentir la… sueur humaine ! Si vous retirez la croûte du fromage avant de le frire, le résultat final sera aussi moins puissant au goût.

PRÉPARATION

1. Préparer la pâte à frire. Dans un bol, mélanger la demi-tasse de farine, le sel et le poivre. Ajouter le jaune d'œuf ainsi que la moitié de la bière. Mélanger à l'aide d'un fouet. Ajouter le reste de bière, l'huile et bien mélanger. Couvrir d'une pellicule plastique et réserver.
2. Préparer le fromage. À l'aide d'un couteau, retirer la croûte et tailler des cubes de 1,3 cm (1/2 po). Écraser les graines d'ajowan au mortier. Mettre les cubes de fromage et l'ajowan dans un plat (type Ziploc), placer le couvercle et remuer pour bien enrober les cubes de fromage. Ouvrir le contenant et ajouter la cuillère à soupe de farine. Remuer de nouveau. Réserver.

FINITION

Préparer un bain de friture et le mettre à chauffer. À l'aide d'une fourchette, tremper les cubes de fromage dans la pâte à frire, puis les plonger dans l'huile chaude. Laisser dorer et les déposer sur un papier absorbant.

BLANC DE VOLAILLE CUIT AU BABEURRE, « ÉMULSION D'ASPERGES VERTES AUX CREVETTES_Mc² », FEUILLES DE CHOUX DE BRUXELLES, VINAIGRETTE ACIDE À LA CHICORÉE

Cette recette est axée sur la piste moléculaire de l'acétoïne, l'un des marqueurs aromatiques dominants chez le fromage et chez le xérès fino. L'acétoïne a une saveur grasse, crémeuse et beurrée, rappelant le beurre et le yogourt. Elle participe aussi fortement à donner l'identité aromatique à d'autres aliments. On la retrouve dans le beurre, le fromage, le lait, le yogourt, les pommes fraîches ou cuites, les poireaux frais ou cuits, l'asperge, le brocoli, le cantaloup, le chou de Bruxelles, le coing, la fraise, le sirop de maïs, les thés fermentés, tous des ingrédients d'une grande compatibilité moléculaire que l'on peut combiner pour réaliser des recettes harmonieuses et magnifier leur rencontre avec le xérès fino, le manzanilla, et les vins blancs évolués. Notez que les methoxy pyrazines contenues dans l'asperge, la crevette, la chicorée et le xérès fino sont des exhausteurs de goût, comme l'acétoïne, ce qui double l'impact aromatique de notre *Émulsion d'asperges vertes et crevettes_Mc²*, et de ce plat. Enfin, osez sortir cette émulsion de son contexte afin de vous en servir comme élément de base pour d'autres recettes (voir les suggestions à la recette *Émulsion d'asperges vertes aux crevettes_Mc²*, page 225).

INGRÉDIENTS
1 coffre (poitrines sur os) de poulet de grain
250 ml (1 tasse) de lait 3,25 %
5 ml (1 c. à thé) de gros sel
150 g (1/3 lb) de choux de Bruxelles

Pour la préparation de babeurre
60 g (2 oz) de beurre salé
5 ml (1 c. à thé) de sel fin
125 ml (1/2 tasse) de babeurre

Pour l'émulsion d'asperges aux crevettes
125 ml (1/2 tasse) d'huile d'olive
4 grosses asperges vertes (ou 8 petites)
10 crevettes crues (41/50) décortiquées

Pour la vinaigrette acide à la chicorée
60 ml (1/4 tasse) de babeurre
2,5 ml (1/2 c. à thé) de sel fin
2,5 ml (1/2 c. à thé) de chicorée en poudre
10 ml (2 c. à thé) d'huile d'olive

Pistes harmoniques des liquides
Comme cette recette est axée sur l'un des marqueurs aromatiques dominants, entre autres, chez le xérès fino et le manzanilla, il faut privilégier ce type de vin de voile. Ce qui ouvre la voie au vin jaune ainsi qu'à tous les vins blancs évolués ayant développé un caractère légèrement oxydatif. Enfin, la présence des pyrazines contenues dans l'asperge et la crevette permet aussi celle des vins de sauvignon blanc et de fumé blanc, ainsi que de chenin blanc.

Nous avons atteint l'harmonie parfaite lors de la création de cette recette avec :
Clos de La Bergerie 2001 Savennières-Roche aux Moines, Nicolas Joly, France

PRÉPARATION

1. La veille, dans une grande casserole d'eau bouillante salée, verser le lait et y placer le coffre de volaille pendant 1 minute.

2. Retirer le poulet et le placer dans un bol d'eau glacée pour arrêter complètement la cuisson.

3. Répéter cette opération deux fois, puis déposer le coffre sur un papier absorbant et au réfrigérateur pendant toute la nuit.
Note : cette opération assurera la tendreté de la viande.

4. Le lendemain, pour la préparation au babeurre, faire fondre le beurre dans une petite casserole puis ajouter le sel fin. Hors du feu, lorsque le beurre sera tiède, ajouter le babeurre. Réserver.

5. Dans un plat allant au four, placer le coffre de poulet et le lustrer avec le mélange de babeurre. Préchauffer le four à 180 °C (350 °F) en position convection et cuire pendant 40 minutes, en prenant soin de badigeonner la viande aux 10 minutes.

6. Préparer l'émulsion d'asperges aux crevettes. Dans une petite casserole, mettre l'huile d'olive à chauffer et ajouter les asperges vertes lavées et taillées en petits morceaux. Cuire doucement pendant 3 minutes et ajouter les crevettes hachées. Cuire encore 3 minutes et laisser infuser 5 minutes. Verser le tout dans le bol du malaxeur et réduire en purée. Passer dans un tamis fin. Réserver au réfrigérateur.

7. Préparer la vinaigrette. Dans un bol, verser tous les ingrédients et fouetter jusqu'à l'obtention d'une préparation homogène.

8. Préparer les choux de Bruxelles. À l'aide d'un petit couteau, séparer les premières feuilles. Dans une casserole d'eau bouillante salée, plonger ces feuilles quelques secondes. Transférer immédiatement dans un bol d'eau glacée pour arrêter la cuisson et fixer la chlorophylle.

FINITION

Lever les deux poitrines de poulet et les déposer dans une poêle chaude allant au four du côté peau. Badigeonner la chair avec la graisse de cuisson. Placer dans le four préchauffé à 180 °C (350 °F) pendant 10 minutes. Assaisonner les feuilles de choux de Bruxelles avec la vinaigrette. Servir avec de l'émulsion d'asperges et des feuilles de choux de Bruxelles.

Une inspiration de la contemporaine recette de *panna cotta au roquefort (et aux trois fruits en pâte acidulée, insertion de caramel au vieux grenache et élévation aléatoire de bâtonnets à trois saveurs)* que Stéphane avait architecturé pour son pharaonique « Menu Architecture », créé alors qu'il était aux commandes du restaurant Utopie, à Québec. Partant de cette conception à base de fromage bleu, nous avons suivi la piste aromatique des aliments complémentaires à ce dernier, dont la rose et le girofle. Vous pourriez aussi opter pour le coing, le curcuma, le galanga, le gingembre, le litchi ou les raisins muscats, qui demeurent dans la même sphère aromatique que les fromages bleus.

INGRÉDIENTS

Pour les craquelins au clou de girofle
125 ml (1/2 tasse) d'eau
60 ml (1/4 tasse) de beurre
1 g (1/2 c. à thé) de clou de girofle en poudre
125 ml (1/2 tasse) de farine

Pour l'air de rose
250 ml (1 tasse) d'eau
3 g (2 c. à thé) de pétales de rose biologique
2 g (1 c. à thé) de lécithine de soya en poudre

Pour la panna cotta de fromage bleu
4 g (2 feuilles) de gélatine
125 ml (1/2 tasse) de crème 35 %
125 ml (1/2 tasse) de lait 3,25 %
0,5 g (1/2 c. à thé) d'agar-agar en poudre
80 g (3 oz) de fromage bleu type roquefort

PANNA COTTA AU FROMAGE BLEU, AIR DE ROSE ET CRAQUELINS DE CLOU DE GIROFLE

PRÉPARATION

1. Préparer la pâte pour les craquelins. Dans une petite casserole, placer l'eau, le beurre et le clou de girofle en poudre. Porter à ébullition et ajouter la farine en une seule fois hors du feu. Mélanger à l'aide d'une spatule de bois et replacer quelques secondes sur la source de chaleur pour assécher la pâte. Laisser refroidir quelques minutes et recouvrir d'une pellicule plastique avant de placer au réfrigérateur jusqu'à complet refroidissement.

2. Préparer l'air de rose. Porter l'eau à ébullition et ajouter les pétales de rose, laisser infuser hors du feu pendant 10 minutes. Filtrer à l'aide d'une petite passoire et ajouter la lécithine de soya. Réserver pour la finition du plat.

3. Préparer la panna cotta. Mettre à tremper les feuilles de gélatine dans un bol d'eau froide. Porter à ébullition la crème et le lait, ajouter l'agar-agar en poudre et cuire pendant 2 minutes. Ajouter les feuilles de gélatine et verser le mélange chaud sur le fromage bleu qui aura été émietté dans un bol. Pour bien homogénéiser le tout, utiliser un pied-mélangeur.

4. Verser la préparation dans un plat de 18 x 10 cm (7 x 4 po), que vous aurez chemisé d'une pellicule plastique. Réserver au réfrigérateur.

5. Sortir la pâte à craquelins du réfrigérateur et commencer et l'abaisser avec un rouleau à une épaisseur de 1/4 cm (1/10 po), ensuite, délicatement, tailler des bandes régulières de 1/2 cm (1/5 po) de largeur et déposer au fur et à mesure chaque bande sur une plaque à pâtisserie recouverte d'un papier parchemin.

6. Préchauffer le four à 190°C (325°F) et cuire les craquelins pendant environ 20 minutes, jusqu'à l'obtention d'une légère couleur blonde. À la sortie du four, laisser refroidir sur la plaque.

FINITION

Tailler la panna cotta. À la sortie du frigo, tailler des bandes dans le sens de la largeur de 1,3 cm (½ po), les placer délicatement sur une assiette froide. Émulsionner l'air de rose à l'aide d'un pied-mélangeur et ne récupérer que la mousse qui se sera formée en surface. Dans une assiette de service, placer la panna cotta, quelques craquelins et enfin l'air de rose sur le dessus. Déguster.

Pistes harmoniques des liquides

Comme la rose parfume ce plat mi-fromage mi-dessert, c'est l'occasion de servir un gewürztraminer. Qu'il soit sec ou doux, l'accord résonnera haut et fort. C'est que les vins de ce cépage alsacien sont dominés par une molécule du nom de cis-rose oxide, la même qui signe l'arôme de la rose. Comme le gewurztraminer est aussi dominé par des composés volatils épicés, à l'image du clou de girofle, l'union n'en sera que renforcée. Notez qu'un jeune vin doux naturel, tels ceux de Maury, exalte aussi des tonalités florales et épicées. Ce à quoi certains jeunes portos de type late bottled vintage répondent aussi. Enfin, osez une bière double rousse allemande, à 8,2 % d'alcool, à base de malt de blé, de type *Wheat Dopplebock*, presque sucrée, voluptueuse et caressante, dominée par des saveurs de clou de girofle.

Nous avons atteint l'harmonie parfaite lors de la création de cette recette avec :
Bière double rousse : Aventinus « Wheat-Doppelbock », Bière Forte Rousse, Schneider Weisse, Allemagne
Vin doux naturel : Mas Amiel Vintage 2007 Maury, France

POIRES ASIATIQUES CUITES AU SAFRAN ET BELLE DE BRILLET, ÉCLATS DE VIEUX CHEDDAR, MANGUE GLACÉE / RÂPÉE

Sur la route aromatique des fromages nous y avons rencontré, entre autres, la poire, la mangue et le safran, que nous avons associés dans cette composition mi-fromage mi-dessert. Quant à la Belle de Brillet, sachez que cette liqueur est en fait une poire au cognac. Et comme les parfums de la barrique de chêne, où séjourne longuement le cognac, sont aussi sur la piste aromatique des fromages, cette liqueur nous permet de faire d'une pierre deux coups ! Enfin, l'ajout, juste avant le service, de la mangue râpée à partir d'une mangue congelée, donne de l'élan et de l'expressivité à cette recette que la mangue température pièce n'offre pas. Un truc à retenir !

INGRÉDIENTS

1 mangue mûre
250 ml (1 tasse) de liqueur de poire au cognac Belle de Brillet
100 g (1/2 tasse) de sucre blanc
250 ml (1 tasse) d'eau
2 poires asiatiques
1 pincée de pistils de safran
112 g (4 oz) de vieux cheddar

PRÉPARATION

1. La veille, peler la mangue et la placer au congélateur recouverte d'une pellicule plastique.
2. Mettre à bouillir dans une casserole moyenne, la Belle de Brillet, le sucre et l'eau.
3. Éplucher les poires et les couper en deux dans le sens de la hauteur. Retirer le cœur à l'aide d'une cuillère à pomme parisienne.
4. Ajouter les pistils de safran et les poires dans le sirop frémissant. Faire frémir pendant 30 minutes à couvert. Laisser refroidir dans le jus.

FINITION

Réaliser de petits éclats de vieux cheddar avec la pointe d'un couteau. Tailler les demi-poires en trois parts égales et les disposer sur l'assiette de service. Parsemer de cheddar et râper la mangue congelée à l'aide d'une microplane. Ajouter une petite cuillerée de sirop de cuisson et déguster.

Pistes harmoniques des liquides

Par la présence dominante des saveurs de la poire, et plus particulièrement du safran, cette recette permet une kyrielle de types de liquides harmoniques. De la bière India pale ale aux vins doux naturels de muscat, en passant par certains vins moelleux à base de riesling ou de petit manseng, le choix est plutôt éclectique. Même certains vins rosés, servis à température plus fraîche que froide, réussissent un bel accord, tout comme certains cidres rosés mousseux. C'est que le rosé et le safran sont pratiquement des jumeaux ! Enfin, pourquoi ne pas faire plus simple et servir, bien rafraîchie, à la sortie du réfrigérateur, sans glaçon, la Belle de Brillet, qui est la poire au cognac ayant servie à la confection de ce plat ?

Nous avons atteint l'harmonie parfaite lors de la création de cette recette avec :
Vin blanc moelleux : Uroulat 2007 Jurançon, Charles Hours, France
Cidre mousseux rosé : Cidre Léger Mousseux Rosé, Cidrerie Michel Jodoin, Rougemont, Québec

CANNELLE

LA CHAUDE ET SENSUELLE ÉPICE

AGRUMES
AMANDE
ANETH
ANGÉLIQUE (RACINE)
ANIS ÉTOILÉ
BERGAMOTE
CAMOMILLE
CARDAMOME
CITRON
CLOU DE GIROFLE

CORIANDRE VIETNAMI-ENNE (FEUILLES)
CUMIN
FIGUE FRAÎCHE
GINGEMBRE
HOUBLON
LAURIER
LAVANDE
MENTHE
ORANGE AMÈRE

PASTIS
PIMENT
POIVRE
RÉGLISSE
ROMARIN
SAFRAN
THYM
VANILLE
YUZU

MAGRET DE CANARD RÔTI, GRAINES DE SÉSAME ET CINQ-ÉPICES, NAVETS CONFITS AU CLOU DE GIROFLE

Pistes harmoniques des liquides

La piste harmonique est ici tracée par les composés volatils de la cannelle, du clou de girofle et de la barrique de chêne, plus particulièrement par les vins qui sont dominés par cette dernière. En principe, tous les vins rouges dont l'élevage en barriques de chêne est passablement présent peuvent atteindre la zone de confort harmonique avec cette recette. Mais, pour se rapprocher du nirvana, il faut choisir les crus élevés en partie ou en totalité dans le chêne d'origine américaine, qui marque les vins par les mêmes types de molécules aromatiques que les ingrédients cuisinés. Nombreux crus espagnols de la Rioja, ainsi que du Bierzo, de Toro, de la Ribera del Duero, du Penedès, et du Priorat entrent dans cette sélection.

La grande surprise de cette création nous a été offerte par les translucides et étonnantes tranches de navets confits cuits dans le vinaigre de riz, le miel et le clou de girofle. D'aucuns auraient parié leur chemise sur l'accord avec un rioja *gran reserva*! Et pourtant, pour une ixième fois dans nos essais en cuisine laboratoire, Stéphane et moi avons été stupéfaits par le pouvoir d'attraction entre les molécules de même famille, comme on l'a ressenti lors de la dégustation de ces navets, cuits dans le vinaigre et le miel, je vous le rappelle (!), épousant avec stupéfaction le rioja Conde de Valdemar Gran Reserva 2001, uniquement grâce au clou de girofle présent dans ce confit de navets.

Nous avons atteint l'harmonie parfaite lors de la création de cette recette avec :
Conde de Valdemar Gran Reserva 2001 Rioja, Martinez Bujanda, Espagne

INGRÉDIENTS

Pour les navets confits au clou de girofle
4 navets blancs (rabioles)
80 ml (1/3 tasse) de vinaigre de riz
60 ml (1/4 tasse) de miel liquide
6 clous de girofle

Pour les magrets de canard
2 magrets de canard (environ 400 g chaque ou 13 oz)
80 ml (1/3 tasse) de rhum brun
10 g (1/2 c. à soupe) de miel
3 g (1 c. à soupe) de cinq-épices moulu
50 g (1/3 tasse) de graines de sésame blanches

PRÉPARATION

1. Préparer les navets confits. Éplucher et tailler les navets en tranches fines (1/2 cm ou 1/4 po) puis les plonger dans une casserole d'eau bouillante salée pendant 2 minutes Dans une casserole, mettre le vinaigre de riz, le miel et les clous de girofle. Porter à ébullition. Placer les navets blanchis dans le sirop. Porter à ébullition et laisser frémir pendant 10 minutes, ou le temps que le sirop ait réduit de moitié. Couvrir et réserver.

2. Préparer les magrets. Retirer la viande de son emballage sous vide 1 heure avant de la cuire. Quadriller la peau grasse, non la viande, en croisant les incisions. Dans une poêle allant au four, démarrer la cuisson à feu doux, en retirant le gras au fur et à mesure qu'il fond, pour obtenir une peau croustillante. Une fois la peau bien dégraissée, poursuivre la cuisson du côté chair pendant environ 4 minutes, pour marquer la viande. Finir la cuisson du côté gras au four préchauffé à 175°C (350°F) pendant 8 minutes ou selon la taille du magret.

3. Entre-temps, dans une casserole, mettre le rhum et le miel à bouillir jusqu'à l'obtention d'un sirop épais (genre sirop d'érable). Retirer du feu et ajouter le cinq-épices moulu. Réserver.

4. Sortir les magrets de canard, les mettre sur une assiette chaude et laisser reposer 10 à 15 minutes. Dans le four chaud, sur une plaque à pâtisserie, faire blondir les graines de sésame.

FINITION

Verser le caramel sur une assiette et déposer le magret du côté graisse. Recouvrir de graines de sésame grillées. Pour réchauffer la pièce de viande, la placer sur une plaque et au four à 175°C (350°F) pendant 6 minutes.

Ce plat multiculturel, liant à la fois le classique français qu'est le canard aux navets et les parfums orientaux du cinq-épices, a été inspiré par les ingrédients complémentaires des pistes aromatiques qu'offrent la cannelle, le clou de girofle et la barrique de chêne. Le résultat est un canard aérien, marqué par le craquant et l'épicé subtil du sésame, rehaussé par le caramel de la sauce pénétrante à base de rhum et de miel, aux accents de girofle et de cannelle. Le tout est escorté par de translucides et étonnantes tranches de navets confits cuits dans le vinaigre de riz, le miel et le clou de girofle, épousant avec stupéfaction le vin coup de cœur choisi pour ce plat! Le pouvoir d'attraction entre les composés volatils des aliments, ainsi qu'entre le vin et la recette, est ici exprimé avec force et précision.

INGRÉDIENTS

Pour le pouding

350 g (3 tasses) de farine

15 ml (1 c. à soupe) de cannelle en poudre

1 gousse de vanille

Le zeste de 1 citron

30 ml (1 oz) de liqueur Amaretto

2 g (1 c. à thé) de thé à la bergamote

2 étoiles de badiane (anis étoilé)

15 ml (1 c. à soupe) de Soyable_Mc^2
(page 165)

7 g (1 1/2 c. à soupe) de levure chimique
(poudre à pâte)

250 ml (1 tasse) de babeurre

60 ml (1/4 tasse) de bière (type India Pale Ale)

200 g (7 oz) de beurre

375 g (2 tasses) de raisins secs

90 g (1/2 tasse) de cassonade

Pour le beurre de scotch

75 g (1/3 tasse) de beurre

95 ml (3/8 tasse) de cassonade

30 ml (2 c. à soupe) de Scotch Highland
Single Malt

POUDING POCHÉ AU THÉ EARL GREY, BEURRE DE CANNELLE ET *SCOTCH HIGHLAND SINGLE MALT*

Sur l'idée d'un très *English bread pudding*, en passant par la piste aromatique de la cannelle, nous avons accouché de cette « bête gourmande » aux saveurs puissantes et décapantes ! C'est que l'union, entre autres, de notre sauce *Soyable_Mc²*, de la bière, de l'amaretto et du beurre de scotch engendre un gène de saveurs d'une rare intensité. Comme on dit dans le milieu du vin : « Il y a à boire et à manger ! » Vous pourriez aisément y ajouter du clou de girofle, du cumin, des figues séchées, du pastis, des piments forts, du poivre, de la réglisse ou du safran, tous des aliments complémentaires à la cannelle ou encore remplacer certains ingrédients de cette recette par ces derniers. À vous de choisir la piste la plus *rock'n roll* !

PRÉPARATION

1. Préparer le pouding. Tamiser la farine, les épices et la levure chimique dans un bol. Ajouter le babeurre, la bière et le beurre. À l'aide d'une cuillère de bois, incorporer les raisins secs et la cassonade. Remuer jusqu'à l'obtention d'une pâte homogène et élastique. Tremper un grand linge dans de l'eau bouillante et le placer dans un bol. Le saupoudrer généreusement de farine et placer la pâte à pouding à l'intérieur. Donner une forme ronde et lâche au linge pour permettre au pouding de gonfler. Attacher les coins avec de la ficelle. Placer une assiette retournée dans le fond d'une grande casserole et y déposer le pouding. Le couvrir d'infusion de thé Darjeeling bouillante et faire frémir pendant 3 heures, en ajoutant si nécessaire du liquide bouillant pendant la cuisson.
2. Entre-temps, préparer le beurre de scotch. Travailler le beurre en crème et incorporer peu à peu la cassonade et le scotch.
3. Faire chauffer le four à 180°C (350°F) quelques minutes avant la fin de la cuisson du pouding. Retirer le pouding de la casserole et l'égoutter. Ouvrir le linge et renverser le pouding sur un plat de service allant au four. Saupoudrer de cassonade et placer dans le four pendant 10 minutes, pour le rendre croustillant.

FINITION

À la sortie du four, glacer le pudding de beurre de scotch et laisser celui-ci s'imbiber du mélange.

Pistes harmoniques des liquides

À recette éclectique, harmonies décapantes ! Tout en demeurant sur la piste aromatique de la cannelle, qui a donné le « la » du diapason de cette création, pourquoi ne pas vous aventurer sur un accord-choc, en servant un scotch, comme le Macallan « Cask Strength » 10 ans que nous avons utilisé dans cette recette ? Ou encore partir sur la route d'un kirsch ? Et que dire de la rencontre parfaite avec une bière brune de haute fermentation ? Enfin, osez essayer l'union avec un verre de notre redéfinition du « Vin chaud épicé_Mc2 » *à la poire* (page 188). De façon plus classique, l'accord avec le cidre de glace québécois est ici pratiquement du « sur-mesure », ce dernier étant fortement attiré par la cannelle et ses aliments complémentaires.

Nous avons atteint l'harmonie parfaite lors de la création de cette recette avec :
Vin rouge épicé : «Vin chaud épicé_Mc2 » *à la poire* (page 188)
Cidre de Glace : Clos Saragnat « Avalanche » 2007 Cidre de Glace, Christian Barthomeuf, Frelighsburg, Québec

« VIN CHAUD ÉPICÉ_Mc^2 » : À LA POIRE

Il suffit de prendre le vin de cuisson de poires au vin rouge, devenu parfumé à la poire et aux épices, pour en faire un cocktail, fortifié de Poire William et servi chaud, avec un bâton de cannelle. L'idée est d'obtenir un vin chaud où les tanins ne deviennent pas amers, comme c'est trop souvent le cas lorsque le vin rouge est chauffé. En passant, le vin rouge de syrah ou de shiraz ainsi que les épices font partie de la même famille aromatique que la poire, d'où la symbiose des saveurs. Enfin, les poires au vin rouge utilisées pour faire ce cocktail chaud pourront être servies avec les fromages, ou avec les fondues au fromage ou au chocolat, ou encore pour confectionner une tarte. Du cocktail à la tarte, en passant par les fondues, difficile d'être plus pratique et plus dans le mode « récupération » !

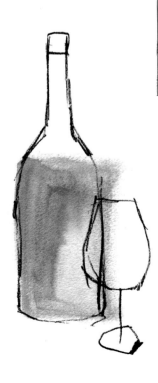

INGRÉDIENTS

500 ml (2 tasses) de vin rouge (syrah/shiraz)
125 ml (1/2 tasse) d'eau
100 g (1/2 tasse) de sucre
3 étoiles de badiane (anis étoilé)
1 bâton de cannelle
3 clous de girofle
1/2 gousse de vanille
2 g (1 c. à thé) de baies roses
2 g (1 c. à thé) de poivre du Sichuan
3 poires (Rochat ou Bartlett)
75 ml (1/3 tasse) d'au de vie de Poire William

PRÉPARATION

1. Dans une casserole à fond épais, mettre le vin, l'eau, le sucre et les épices. Porter le tout à ébullition.
2. Entre-temps, éplucher les poires et les couper en deux. Vider les poires de leurs pépins à l'aide d'une cuillère parisienne.
3. Placer les poires dans le vin bouillant et les cuire à feu doux pendant environ 30 minutes, jusqu'à ce que le vin soit réduit de moitié.
4. Verser le vin avec les poires dans un contenant hermétique. Mettre au réfrigérateur.

FINITION

Passer le jus de cuisson des poires au petit tamis. Garder les poires pour d'autres applications (à l'heure du fromage, avec les fondues au fromage ou au chocolat, ou au dessert pour la confection d'une tarte aux poires au vin rouge épicé…). Mettre le jus (environ 300 ml ou 1 1/4 tasse) à chauffer dans une casserole. Une fois chaud, mais pas bouillant, ajouter l'eau-de-vie de Poire William. Verser dans des tasses (idéalement en verre) et ajouter un bâton de cannelle dans chacune des tasses.

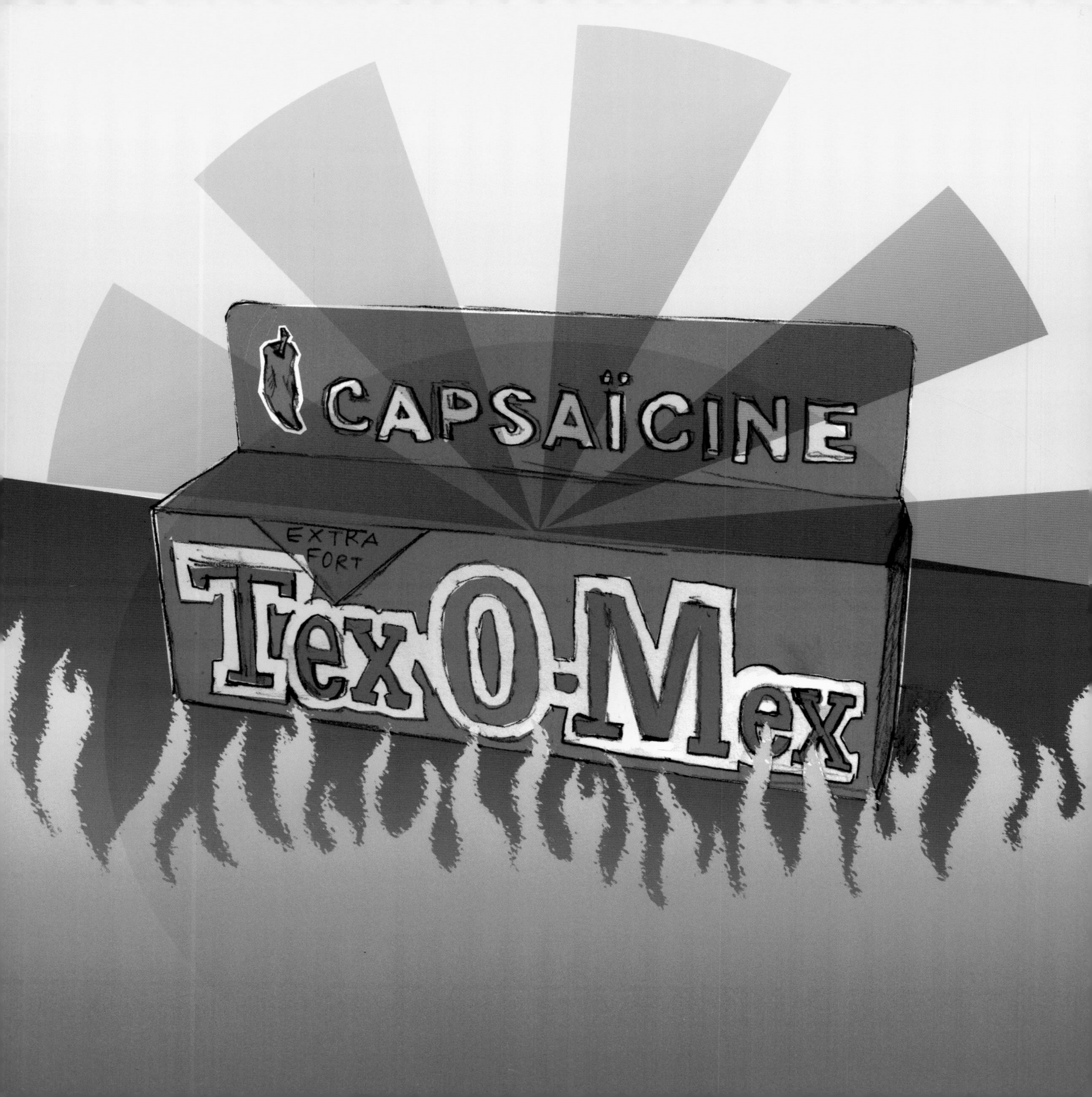
CAPSAÏCINE
EXTRA FORT
Tex-O-Mex

CAPSAÏCINE

LA MOLÉCULE « FEU » DES PIMENTS

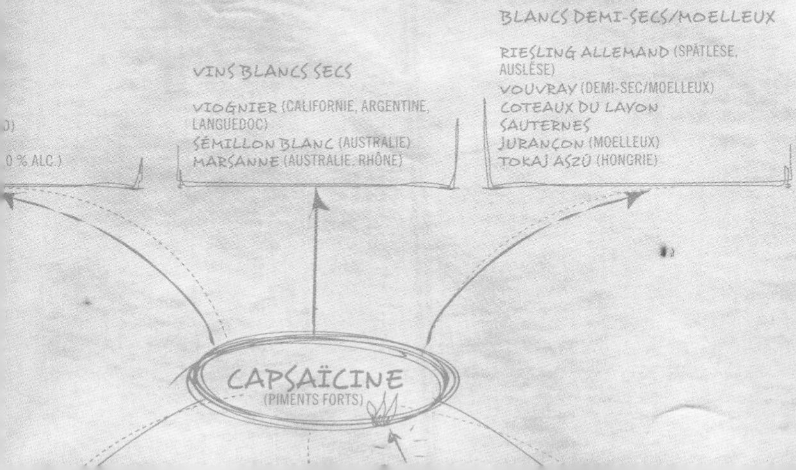

BLANCS DEMI-SECS/MOELLEUX

RIESLING ALLEMAND (SPÄTLESE, AUSLÈSE)
VOUVRAY (DEMI-SEC/MOELLEUX)
COTEAUX DU LAYON
SAUTERNES
JURANÇON (MOELLEUX)
TOKAJ ASZÚ (HONGRIE)

VINS BLANCS SECS

VIOGNIER (CALIFORNIE, ARGENTINE, LANGUEDOC)
SÉMILLON BLANC (AUSTRALIE)
MARSANNE (AUSTRALIE, RHÔNE)

...)

0 % ALC.)

CAPSAÏCINE
(PIMENTS FORTS)

HOMARD FRIT AU PIMENTÓN DOUX FUMÉ, COMPOTE DE POIVRONS JAUNES AU CONCENTRÉ DE JUS D'ORANGE

Pistes harmoniques des liquides

Comme l'effet « feu » de la capsaïcine est ici très subtil, le « la » du diapason harmonique se trouve surtout dans le homard, le pimentón et le poivron, tous marqués par l'univers aromatique des pyrazines. Ces dernières sont aussi très présentes dans les vins de sauvignon blanc. Enfin, pour soutenir l'ensemble, il faut un sauvignon blanc de noble origine et possédant une certaine densité satinée, comme le sont les meilleurs crus de Sancerre, tout comme du Nouveau Monde, sans oublier le sauvignon blanc Fransola de la maison catalane Torres.

Vous pouvez aussi tenter l'aventure en sélectionnant de jeunes vins blancs, non boisés, au profil proche du sauvignon blanc, comme le sont quelquefois ceux de verdejo, d'albariño, de romorantin, de chenin blanc, de fumé blanc, de furmint et de grüner veltliner.

Nous avons atteint l'harmonie parfaite lors de la création de cette recette avec :
Version telle quelle : Fransola 2006 Penedès, Torres, Espagne
Version arrosée d'huile de crustacés : La Moussière 2006 Sancerre, Alphonse Mellot, France

Ce plat de homard, qui peut aisément être servi soit en petites bouchées tapas, soit en entrée, et même en plat principal, a été bâti sur la piste aromatique de la capsaïcine, molécule « feu » des piments forts. Mais il se retrouve aussi sur les chemins des composés volatils végétaux de l'univers des pyrazines (poivron vert), plus particulièrement des *filber pyrazines* (arachides) et des *hazelnut pyrazines* (noisettes). Genres auxquels appartiennent aussi le homard, le pimentón et les poivrons. Quant à l'orange, qui est aussi l'un des nombreux aliments complémentaires à la capsaïcine, elle ajoute un point d'orgue « acide » à l'ensemble. Ananas, cannelle, curry, gingembre frais, mangue crue, pêche et piments forts pourraient également faire partie de cette recette, aussi bien qu'en remplacer certains ingrédients. À vous de laisser aller votre intuition, tout en demeurant dans cette zone capsaïcine/pyrazines.

INGRÉDIENTS

Pour le homard
1 homard (1 à 1,5 lb)
100 g (3,5 oz) de chapelure panko
4 g (1 c. à soupe rase) de pimentón doux fumé
2 œufs entiers
15 ml (1 c. à soupe) de lait
Piment de Cayenne moulu
Sel, poivre
75 g (1/3 tasse) de farine

Pour la compote de poivrons jaunes à l'orange
4 poivrons jaunes
15 ml (1 c. à soupe) de concentré de jus d'orange

Pour l'huile de crustacés au piment
Carcasse de homard
1 poivron rouge
2 piments de Cayenne entiers séchés
500 ml (2 tasses) d'huile de canola

PRÉPARATION

1. Préparer le homard. Porter à ébullition une grande casserole d'eau avec du sel. Mettre le homard à blanchir pendant 4 minutes. Transférer immédiatement dans un bol d'eau glacée pour arrêter la cuisson. Décortiquer le homard. Réserver la carcasse et la tête.

2. Passer la chapelure panko au moulin à café pour la rendre très fine. Mélanger la chapelure avec le pimentón.

3. Dans un bol, battre les œufs avec le lait et le piment de Cayenne.

4. Saler et poivrer les morceaux de homard. Les passer rapidement dans la farine pour que le mélange d'œuf adhère bien.

5. Tremper les morceaux de homard un par un dans l'œuf puis dans la chapelure. Répéter l'opération deux fois pour chaque morceau.

6. Frire dans un bain d'huile à 180°C (350°F) 4 minutes.

7. Préparer la compote de poivrons. Laver et sécher les poivrons, puis les déposer sur une plaque à pâtisserie. Mettre au four préchauffé à 200°C (400°F). Après 10 minutes, les tourner pour faire brunir l'autre côté. Mettre les poivrons dans un plat fermé hermétiquement et les laisser tiédir.

8. Peler les poivrons à l'aide des doigts. Enlever aussi les pépins qui amèneraient de l'amertume.

9. Tailler les poivrons en dés et les mettre dans une casserole à feu doux. Lorsque les poivrons auront relâché toute l'eau de végétation, mettre le concentré de jus d'orange et bien les enrober. Placer le tout dans le bol du malaxeur et réduire en purée. Verser dans un contenant hermétique. Réserver au réfrigérateur.

10. Préparer l'huile de crustacés au piment. Mettre tous les ingrédients à chauffer dans une casserole à fond épais. Au frémissement, baisser la chaleur et laisser cuire environ 10 minutes. Éteindre le feu et laisser infuser. Passer au chinois. Réserver au réfrigérateur.

FINITION

Placer les morceaux de homard frit sur une assiette de service. Accompagner de la compote de poivrons et de l'huile de crustacés.

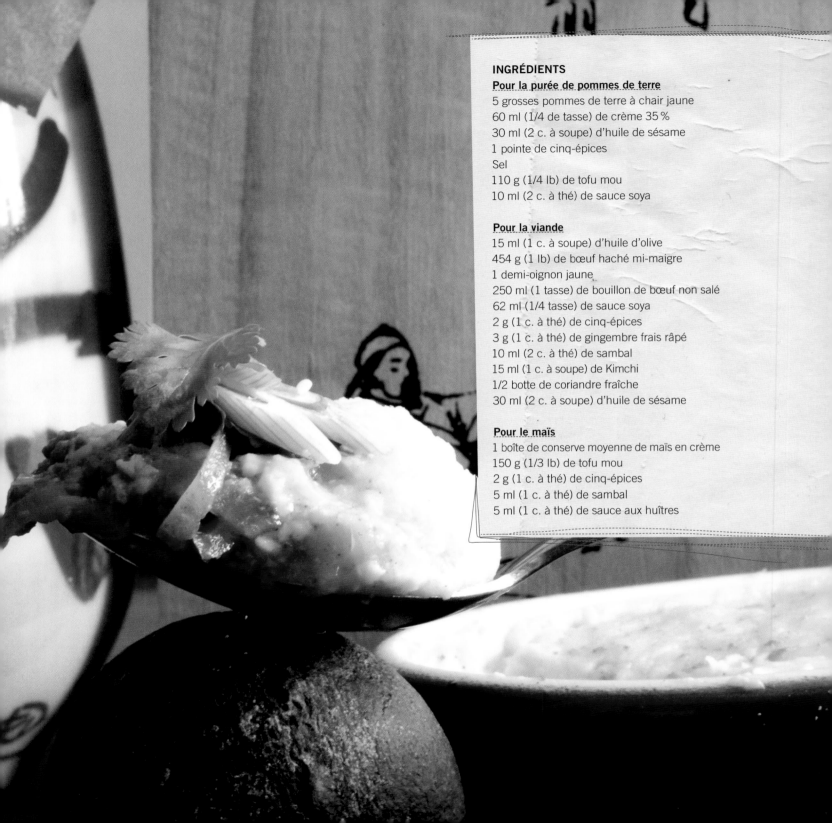

INGRÉDIENTS

Pour la purée de pommes de terre

5 grosses pommes de terre à chair jaune
60 ml (1/4 de tasse) de crème 35 %
30 ml (2 c. à soupe) d'huile de sésame
1 pointe de cinq-épices
Sel
110 g (1/4 lb) de tofu mou
10 ml (2 c. à thé) de sauce soya

Pour la viande

15 ml (1 c. à soupe) d'huile d'olive
454 g (1 lb) de bœuf haché mi-maigre
1 demi-oignon jaune
250 ml (1 tasse) de bouillon de bœuf non salé
62 ml (1/4 tasse) de sauce soya
2 g (1 c. à thé) de cinq-épices
3 g (1 c. à thé) de gingembre frais râpé
10 ml (2 c. à thé) de sambal
15 ml (1 c. à soupe) de Kimchi
1/2 botte de coriandre fraîche
30 ml (2 c. à soupe) d'huile de sésame

Pour le maïs

1 boîte de conserve moyenne de maïs en crème
150 g (1/3 lb) de tofu mou
2 g (1 c. à thé) de cinq-épices
5 ml (1 c. à thé) de sambal
5 ml (1 c. à thé) de sauce aux huîtres

« ON A RENDU LE PÂTÉ CHINOIS ! »

Stéphane et moi, lors d'une de nos multiples discussions – via vidéo *Skype* – sur le célèbre pâté chinois québécois, avons accouché de l'idée et du jeu de mots de rendre chinois ce pâté qui n'a rien de chinois, du moins dans sa composition « steak / blé d'Inde / patates ». Pour ce faire, tout en respectant son socle de bœuf haché, maïs en grain ou crémeux et pommes de terre en purée, nous nous sommes posé la question suivante : comment une famille d'origine chinoise cuisinerait ce plat fumant ? Rapidement, le cinq-épices, l'huile de sésame, la sauce aux huîtres et le gingembre se sont ajoutés dans la préparation avant cuisson. Puis, sur la table, comme condiment d'accompagnement, en remplacement du traditionnel ketchup américain, nous y avons vu, selon le goût des dîneurs, des bouteilles de sambal et de Kimchi, donnant tous deux la piste « feu » de la capsaïcine, ainsi que de sauce aux huîtres. Quel plaisir à se dire qu'enfin *On a rendu le pâté chinois*!

PRÉPARATION

1. Peler, rincer et tailler en quartiers les pommes de terre. Les cuire dans une casserole d'eau à peine salée, environ 25 minutes, suivant la taille des quartiers.
2. Dans un gros faitout à fond épais, faire chauffer l'huile d'olive et y faire revenir la viande hachée pour obtenir une belle coloration dorée.
3. Ajouter l'oignon émincé et faire revenir le tout pour le ramollir.
4. Ajouter le bouillon de bœuf et la sauce soya. Cuire jusqu'à ce que le bouillon soit presque tout réduit.
5. Ajouter toutes les épices ainsi que l'huile de sésame. Cuire quelques minutes encore et mettre dans le fond d'un plat allant au four.
6. Préparer le maïs. Dans un bol, verser le maïs en crème et le tofu et mélanger à l'aide d'un fouet, pour le réduire à la même texture que le maïs. Ajouter les épices et verser sur la viande.
7. Égoutter les pommes de terre et les placer sur une plaque à pâtisserie dans un four préchauffé à 150°C (300°F) pendant environ 10 minutes pour les assécher un peu.
8. Entre-temps, dans une petite casserole, faire chauffer la crème, l'huile de sésame, le cinq-épices et le sel.
9. À l'aide d'un batteur à mains, émulsionner les pommes de terre avec le mélange de crème assaisonnée et le tofu mou. Ajouter la sauce soya et rectifier l'assaisonnement au besoin.
10. Étendre la purée de pommes de terre sur le maïs à l'aide d'une spatule de bois.
11. Mettre le pâté au four préchauffé à 180°C (350 °F) pendant 25 minutes.

FINITION

Servir avec des assaisonnements asiatiques, de la sauce aux huîtres, du Kimchi, de l'huile de sésame.

Pistes harmoniques des liquides
Une fois que nous avons rendu chinois ce pâté, les Chinois l'harmoniseraient assurément soit avec une bière, ce qui mettrait du feu sur la capsaïcine, soit avec un thé vert chinois – ce dernier est plus riche en acides aminés que le japonais, donc plus texturé et plus gras en bouche, supportant ainsi mieux ce genre de plat accompagné de sauces épicées. Mais les amateurs de vin rouge ne seront pas en reste, car la présence dominante du cinq-épices permet l'accord avec les rouges marqués par l'élevage en barriques de chêne, spécialement de chêne d'origine américaine. Ce à quoi répond une multitude de rouges d'Espagne, de Californie et du Mexique.

Nous avons atteint l'harmonie parfaite lors de la création de cette recette avéc :
Thé vert chinois (servi plus tiède que chaud, à cause des épices) : Thé vert Long Jing Shi Feng 3, Chine
Vin rouge : Gran Coronas 2005 Penedès, Miguel Torres, Espagne

BLOODY CEASAR_Mc² :
« VERSION SOLIDE POUR L'ASSIETTE »

Pistes harmoniques des liquides

Comme nous avons transformé le *Bloody Ceasar* en une « version solide pour l'assiette », l'occasion est belle pour trouver une « version liquide pour le verre » et ainsi créer l'harmonie entre l'assiette et le verre. Il faut donc prendre en compte que la capsaïcine, qui est la molécule « feu » des piments, domine le gène de saveur de cette recette par son impact thermal sur les papilles. La gelée de tomates et le céleri donnent la tonalité sur laquelle bâtir cette harmonie, qui doit s'architecturer autour des vins blancs secs à base de cépage de la famille des anisés (voir chapitre Menthe et sauvignon blanc dans le tome I de *Papilles et Molécules*). Sauvignon blanc et chenin blanc un brin évolués en priorité.

Nous avons atteint l'harmonie parfaite lors de la création de cette recette avec :
Clos de La Bergerie 2001 Savennières-Roche aux Moines, Nicolas Joly, France

Lorsque Stéphane a lu *Papilles et Molécules*, question de se mettre sur la piste aromatique des aliments et des liquides, il a été interloqué par la photo du *Bloody Ceasar* qui illustre le chapitre *Capsaïcine – La molécule « feu » des piments*. Rapidement, l'idée d'en faire une version « solide pour l'assiette » lui est venue en tête. Ce à quoi j'ai acquiescé tout de go, car, tout comme lui, j'ai toujours trouvé que ce cocktail offrait plus à manger qu'à boire… Alors, autant le manger ! Pour la cause, nous sommes demeurés fidèles à la version originale de ce grand classique de bar, tout en laissant tomber la vodka, mais sans lui accoler d'autres ingrédients – ce qui aurait été très aisé en pigeant dans la liste des aliments complémentaires à la capsaïcine des piments, comme le sont, entre autres, l'asperge, le basilic thaï, le clou de girofle, la coriandre, le curry, l'origan, le poivron rouge et la sauce soya.

INGRÉDIENTS

Pour la gelée de tomates
6 g (3 feuilles de 2 g) de gélatine
250 ml (1 tasse) de jus de tomate
15 ml (1 c. à soupe) de jus de palourdes
5 ml (1 c. à thé) de mélasse
1 g (1/2 c. à thé) d'agar-agar

Pour la garniture
Le cœur d'un pied de céleri
80 ml (1/3 tasse) d'huile d'olive
20 palourdes *Littleneck* fraîches
2 g (1 c. à thé) de sel de céleri

Pour l'air de Worcestershire
60 ml (1/4 tasse) de Worcestershire sauce
60 ml (1/4 tasse) d'eau
1 c. à thé de lécithine de soya

1 piment jalapeno
Huile d'olive

INGRÉDIENTS

1. Préparer la gelée de tomates. Mettre à tremper les feuilles de gélatine dans un bol d'eau froide. Dans une petite casserole, mettre le jus de tomate, le jus de palourdes, la mélasse et l'agar-agar. Porter à ébullition et cuire le tout pendant 3 minutes. Hors du feu, ajouter les feuilles de gélatine, mélanger à l'aide d'un fouet et verser l'appareil dans un plat carré, pour qu'une fois prise, la gelée ait une hauteur de 2 cm (environ 3/4 po).

2. Préparer la garniture. Prélever les feuilles tendres sur le cœur du pied de céleri. Dans une petite poêle, faire chauffer l'huile d'olive et faire frire les feuilles pour qu'elles soient croustillantes. Les placer sur un papier absorbant et les saler. Ouvrir les palourdes. Dans une casserole munie d'un couvercle, placer les palourdes préalablement nettoyées à l'eau claire pour retirer le sable. Couvrir et laisser cuire en remuant souvent pour entrechoquer les coquillages. Une fois les palourdes ouvertes, les placer sur un plat et laisser refroidir un peu avant de les décortiquer. Ensuite, placer les muscles dans le jus de cuisson et laisser refroidir complètement.

3. Préparer l'air de sauce Worcestershire. Dans une petite casserole, placer tous les ingrédients et porter à ébullition. Ajouter la lécithine de soya puis laisser tiédir et réserver pour la finition.

FINITION

Tailler des bandes de gelée de tomates et les déposer sur des assiettes. Tailler de fines tranches de piment jalapeno. Sortir les palourdes de leur jus et les assaisonner avec une cuillerée d'huile d'olive. Déposer 5 palourdes sur chaque gelée de tomates. Garnir de quelques feuilles de céleri frit, trois rondelles de piment. Émulsionner la sauce Worcestershire à l'aide d'un pied-mélangeur. Récupérer la mousse qui se sera formée en surface. Déposer sur le dessus du plat. Déguster.

GOÛT DE FROID

ALIMENTS AUX RAFRAÎCHISSANTES SAVEURS

MENT
EUGÉ
ESTRA
BORN
ANET

SAUVIGNON BLANC (LOIRE/BORDEAUX
VERDEJO (RUEDA ESPAGNE)
ALBARIÑO (RIAS BAIXA ESPAGNE)
RIESLING (ALSACE/ALLEMAGNE)
ROMORANTIN (COUR-CHEVERNY, FRANC
CHENIN BLANC (SAVENNIÈRES/VOUVRAY
CHARDONNAY DE CLIMAT FRAIS
NOUVELLE-ZÉLANDE)

« TOKYO COSMOPOLITE_Mc^2 »

L'idée de cette recette, sur le thème du célèbre cocktail *Cosmopolitan*, m'est appa-
rue après plus de deux ans de réflexion sur les parfums du thé vert, et plus particulièrement les parfums emprisonnés dans le marc de thé vert une fois l'infusion
effectuée. Chaque fois que je déguste un thé, le marc infusé se montre plus aromatique que le thé lui-même! Ayant découvert que les composés volatils du thé
sont beaucoup plus solubles dans l'alcool, comme le safran et le thym, que dans
l'eau… j'ai décidé de prendre ce marc de thé vert et de l'infuser dans un gin afin
d'y emprisonner les parfums (et la couleur du thé aussi). En cuisine, avec Stéphane,
nous avons rapidement vu que plusieurs variations étaient possibles à partir de
ce gin nouvellement parfumé au marc de thé vert, en utilisant des ingrédients de
même famille aromatique que le thé vert et le gin.

1. Gin parfumé au marc de thé vert servi dans un verre givré avec gingembre
et sucre.

**2. Gin parfumé au marc de thé vert, avec canneberges préalablement cuites
avec sucre,** servi dans un verre givré avec gingembre et sucre.

INGRÉDIENTS

5 g (2 c. à thé) de thé vert (idéalement un Wulong Ali Shan
   de M. Chen hivernal (www.camelia-sinensis.com)
90 ml (3 oz) de London Dry Gin Quintessential ou Bombay Sapphire Dry Gin
15 canneberges congelées
20 g (2 c. à soupe) de sucre blanc cristallisé
Gingembre frais

PRÉPARATION

1. La veille, faire l'infusion de thé dans l'eau bouillante (à 95°C ou 203°F) pendant
2 minutes. Récupérer le marc de thé et le mettre dans un contenant hermétique.
Verser le gin sur le marc de thé vert et laisser infuser pendant la nuit.

2. Le jour même, placer les canneberges dans un ramequin où elles seront toutes
à plat. Verser le sucre et mettre au four à micro-ondes pendant 35 secondes.
Réserver.

FINITION

Givrer le bord d'un verre (type Martini). Dans une petite assiette, verser une quantité suffisante de sucre blanc. Peler un petit morceau de racine de gingembre
frais et le passer sur le pourtour du verre. Tremper le bord du verre dans le sucre.
Séparer de l'infusion le gin et le marc de thé vert, afin de ne conserver que le gin
parfumé et coloré par le marc de thé vert.

Première version « zen » :
Remplir le verre givré au gingembre de ce gin
parfumé et servir à la température de la pièce,
car le gin chaud, c'est trop chaud !

Deuxième version « à la cosmopolite » :
Piquer trois canneberges sur une pique à cocktail et ajouter dans la version « zen » ou mettre
quelques canneberges et leur jus sucré au fond
du verre de la version « zen » et brasser légèrement. Servir cette version aux reflets rougeâtres
et aux saveurs mi-thé vert mi-canneberges.
Kampaï !

Pistes harmoniques des liquides

Comme je l'explique dans le chapitre « Goût de froid », du tome I du livre *Papilles et Molécules*, les aliments au « goût de froid » ont plusieurs effets sur les récepteurs du goût. En abaissant la température des papilles, ils abaissent aussi la perception de la température du vin. Il faut donc servir les vins blancs un brin moins froids que d'habitude lorsque ces aliments au « goût de froid » sont présents dans une recette. Ceux-ci diminuent aussi la perception du sucre des vins demi-secs, doux, moelleux ou liquoreux, ce qui permet de servir ce style de vins sucrés avec les plats en mode salé, et ce, sans voir le palais s'alourdir par le sucre. Par contre, il faudra tenir compte de l'acidité et de l'amertume du vin, car ces aliments en augmentent la présence. Enfin, ils ont un effet tampon, calmant la chaleur des épices, tout comme celle de l'alcool des vins et des bières.

Pour le choix du vin avec cette recette, sélectionnez un cru blanc, des cépages de la famille des anisés, comme le sauvignon blanc, qui gagne en éclat, en expressivité et en minéralité devant cette composition anisée au « goût de froid ». Optez aussi pour le verdejo, l'albarino, le chenin blanc, le romorantin, le greco di tufo et le gruner veltliner, sans oublier certains rieslings et chablis, qui, comme le sauvignon blanc, peuvent avoir un profil anisé au « goût de froid ». Enfin, vous pouvez aussi servir un thé vert sencha, dont les composés volatils font aussi partie de ces deux familles, plus particulièrement l'Ashikubo, qui est littéralement le sauvignon blanc des thés verts.

Nous avons atteint l'harmonie parfaite lors de la création de cette recette avec :
En Travertin 2008 Pouilly-Fumé, Henri Bourgeois, France
et Thé vert Sencha Ashikubo, Japon
(www.camellia-sinensis.com)

HUÎTRES FRITES À LA CORIANDRE ET WASABI

Cette recette a beau être frite et servie chaude, elle est marquée par des aliments au « goût de froid », donc par des molécules induisant de la fraîcheur en bouche. Huître, coriandre fraîche, wasabi et yogourt sont de cette famille d'aliments que j'ai nommée au « goût de froid ». De plus, la coriandre fait partie du groupe des anisés, qui s'unissent admirablement à ceux au « goût de froid », sans compter que bon nombre de ces aliments rafraîchissants sont de cette famille anisée (menthe, fenouil, estragon, anis étoilé, cerfeuil, pomme verte, etc.). Le wasabi fait aussi figure ici de rafraîchissement, malgré sa puissance, afin d'équilibrer le gras de la friture qui, elle, est étonnamment croustillante sous la dent, étant élaborée avec du panko.

INGRÉDIENTS

2 œufs
15 ml (1 c. à soupe) d'huile d'olive
10 ml (1 c. à thé, plus 1 c. à thé) de wasabi en pâte
100 g (1 tasse) de farine tout usage
100 g (2 tasses) de chapelure panko
1 bouquet de coriandre
12 huîtres iodées (type *Raspberry Point*, les plus grosses et les plus iodées possible)
500 ml (2 tasses) d'huile végétale
80 ml (1/3 tasse) de yogourt style Balkan nature

PRÉPARATION

1. Dans un bol, battre les œufs, l'huile d'olive et 1 c. à thé de wasabi.
2. Dans deux autres bols, mettre la farine et la chapelure séparément.
3. Dans une petite assiette, étaler la coriandre hachée finement.
4. Réserver le tout.
5. Ouvrir les huîtres et les placer sur un papier absorbant.
6. Paner les huîtres une à la fois. Rouler chacune dans la coriandre puis dans la farine en tapotant légèrement pour retirer l'excédent.
7. À l'aide d'une fourchette, tremper chaque huître dans le mélange œuf / huile, puis rouler dans la chapelure panko. Répéter cette opération deux fois pour chaque huître.
8. Disposer les huîtres sur une assiette et les saupoudrer de chapelure.
9. Préparer un bain de friture d'huile végétale. Une fois bien chaud, plonger les huîtres 3 par 3, les retourner à l'aide d'une fourchette. Frire jusqu'à l'obtention d'une belle couleur blonde.

FINITION

Préparer la sauce d'accompagnement. Dans un bol, mélanger le reste du wasabi et le yogourt. Déguster.

« Horloge aromatique d'huîtres »

Les amateurs d'huîtres pourraient aisément s'amuser en cuisine et à table en cuisinant différentes huîtres dans lesquelles la coriandre serait à chaque fois remplacée par un autre aliment au « goût de froid » et de la famille des anisés. Ainsi, vous auriez dans la même assiette, placées dans le sens des aiguilles d'une montre, une huître à la coriandre, une à la menthe fraîche, une au persil, une au fenouil frais, une au basilic, ainsi de suite. Le tout, bien sûr, avec le même vin en lien avec toutes les huîtres de cette « horloge aromatique » !

« AFTER 8_Mc² » : VERSION ORIGINALE À LA MENTHE

Ces trois recettes ludiques – *After 8, 9, 10* – sont nées de notre réflexion sur les univers des aliments au goût anisé et au «goût de froid», en mode sucré. Cela nous a mené vers les très *british* et *mainstream* chocolats *After Eight*... Nous voulions démontrer que même si le chocolat noir est présent dans un dessert, il est possible de créer l'harmonie avec un vin blanc moelleux ou liquoreux, à base de sauvignon blanc. Une condition : qu'un ingrédient à la fois anisé et au «goût de froid», comme la menthe ou le fenouil, soit dominant dans le gène de saveur totale du dessert. Laissez aller vos papilles en utilisant aussi les autres aliments au goût anisé et au «goût de froid», comme l'estragon, le basilic thaï, l'anis étoilé, les graines de cerfeuil, la coriandre fraîche ou le carvi.

Pistes harmoniques des liquides

Comme ces trois recettes – *After 8, 9, 10* – ont été pensées pour les vins de sauvignon blanc moelleux ou liquoreux, dirigez votre choix vers ce type de vin. Vous pourriez opter pour un sauvignon blanc late harvest du Chili, tout comme certains sauternes à fort pourcentage de sauvignon blanc. Certains cépages s'expriment aussi par des arômes jouant dans l'univers anisé du sauvignon, comme c'est le cas pour le scheurebe autrichien, qui engendre de grands liquoreux beerenauslese (voir chapitre Gewürztraminer... dans le tome I de *Papilles et Molécules*). D'autres vont aussi dans le même sens aromatique, comme le petit manseng des appellations françaises Jurançon et Pacherenc-du-Vic-Bilh, sans oublier les cépages muscadelle, loin de l'œil et mauzac de l'appellation Gaillac. Enfin, les amateurs de thé vert sencha ou gyokuru seront heureux de savoir qu'il entre dans la catégorie des aliments au goût anisé et au «goût de froid», ce qui leur permettra de créer l'accord avec un thé vert.

Nous avons atteint l'harmonie parfaite lors de la création de cette recette avec :

Grain de Folie 2006 Gaillac Doux, Causse Marine, Patrice Lescarret, France

INGRÉDIENTS

Pour le sirop de base
15 g (2 c. à table) de sucre
15 ml (1 c. à soupe) d'eau
50 g (1/5 tasse) de crème de menthe

Pour la mousse
4 g (2 feuilles de 2 g) de gélatine
125 ml (1/2 tasse) de crème 35 %
20 g (2,5 c. à soupe) de sirop de base

Pour l'enrobage de chocolat
25 g (1/8 tasse) de beurre de cacao
50 g (1/5 tasse) de chocolat noir 72 %

PRÉPARATION

1. Préparer le sirop de base. Dans une casserole, porter le sucre et l'eau à ébullition. Ajouter la crème de menthe.

2. Préparer la mousse. Faire tremper les feuilles de gélatine dans de l'eau froide. Prélever le tiers de la masse et faire chauffer sans faire bouillir pour faire fondre les feuilles de gélatine. Mélanger le tout. Laisser refroidir. Monter la crème au batteur, sans qu'elle soit trop ferme. Mélanger et verser dans des moules demi-sphères en silicone de 3 cm (1,25 po). Placer au congélateur pendant un minimum de 3 heures. Démouler les demi-sphères et les superposer de façon à former des billes pleines. Les planter au bout d'une brochette en bambou de 25 cm (10 po). Replacer au congélateur.

3. Préparer l'enrobage de chocolat. Faire fondre le beurre de cacao au bain-marie. Ajouter le chocolat. Mélanger.

FINITION

Tremper délicatement les billes dans le mélange de chocolat fondu. Laisser couler
l'excédent de chocolat. Déposer les billes la tête en bas sur un papier parchemin.
Retourner les brochettes pour servir. Les placer dans un verre haut rempli de sucre.

« AFTER 9_Mc^2 » : VERSION AU BASILIC

Une deuxième recette inspirée de l'*After 8*. Elle est née de notre réflexion commune sur les univers des aliments au goût anisé et au «goût de froid». L'idée de cette version basilic est de démontrer que ce dernier permet de faire cheminer l'*After 8* vers une autre avenue, tout en conservant le même gène de saveur – anisé et «goût de froid».

INGRÉDIENTS
1 bouquet de basilic frais
4 g (2 feuilles de 2 g) de gélatine
125 ml (1/2 tasse) de crème 15 %
125 ml (1/2 tasse) de crème 35 %

Pour l'enrobage de chocolat
50 g (1/5 tasse) de chocolat noir 72 %
25 g (1/8 tasse) de beurre de cacao

PRÉPARATION
1. Mettre une casserole d'eau sans sel à bouillir.
2. Prélever les feuilles de basilic et réserver les tiges. Plonger les feuilles dans l'eau bouillante quelques secondes. Transférer immédiatement dans un bol d'eau glacée.
3. Faire tremper les feuilles de gélatine dans de l'eau froide.
4. Faire tiédir la crème 15 %.
5. Presser les feuilles de basilic pour en retirer le maximum d'eau. Les placer dans un bol malaxeur et y ajouter la crème tiède. Réduire le tout en une crème lisse. Passer au chinois.
6. Presser les feuilles de gélatine, les mettre dans une petite casserole. Prélever le quart de la crème de basilic et l'ajouter à la gélatine. Faire chauffer le tout sans porter à ébullition.
7. Ajouter le reste de la crème de basilic. Mélanger. Laisser refroidir hors du réfrigérateur.
8. Monter la crème au batteur, puis suivre les étapes suivantes décrites à la recette *After 8_Mc^2 : version originale à la menthe* (page 204)

FINITION
Tremper délicatement les billes dans le mélange de chocolat fondu. Laisser couler l'excédent de chocolat. Déposer les billes la tête en bas sur un papier parchemin. Retourner les brochettes pour servir. Les placer dans un verre haut rempli de sucre.

Pistes harmoniques des liquides
Premièrement, pourquoi ne pas accompagner cette mignardise d'un thé vert Sencha, dont les composés volatils font aussi partie de la famille des anisés, tout comme de celle au «goût de froid»? La référence incontestée en la matière est assurément l'Ashikubo, qui est littéralement le sauvignon blanc des thés verts. Deuxièmement, soyez très classique – difficile de l'être plus lorsque nous baignons dans l'univers de l'*After Eight* (!) – en servant une crème de menthe verte sur glace. À moins d'utiliser cette crème de menthe verte pour en faire un cocktail comme le Grasshopper – à base de crème de menthe verte, de crème de cacao et de crème fraîche –, qui fait merveille avec notre *After 9_Mc^2*. Troisièmement, comme ces trois recettes – *After 8, 9, 10* – ont été pensées pour les vins de sauvignon blanc moelleux, dirigez votre choix vers ce type de vin.

Nous avons atteint l'harmonie parfaite lors de la création de cette recette avec :
Cocktail : Grasshopper (crème de menthe verte, crème de cacao et crème fraîche)
Thé vert japonais : Thé vert Sencha Ashikubo, Japon (www.camellia-sinensis.com)
Vin blanc moelleux : Sauvignon Blanc Late Harvest 2007 Valle de Casablanca, Viña Errazuriz, Chili

« AFTER 10_Mc² » : VERSION À L'ANETH

De la menthe au basilic, il n'y avait qu'un pas à franchir pour transformer notre *After 9_Mc²* (page 206) en *After 10_Mc²* : nous l'avons tout simplement parfumé à l'aneth. Il suffit de s'amuser avec les ingrédients de la famille des anisés pour en faire une version à votre goût : anis étoilé, carvi, céleri, coriandre fraîche, estragon, fenouil frais, graines de cerfeuil séchées, graines de fenouil séchées ou mélisse. Libre à vous de piger dans cette liste d'aliments au goût anisé.

INGRÉDIENTS

1 bouquet d'aneth frais
4 g (2 feuilles de 2 g) de gélatine
125 ml (1/2 tasse) de crème 15 %
125 ml (1/2 tasse) de crème 35 %

Pour l'enrobage de chocolat

50 g (1/5 tasse) de chocolat noir 72 %
25 g (1/8 tasse) de beurre de cacao

PRÉPARATION

1. Mettre une casserole d'eau sans sel à bouillir.
2. Prélever les feuilles d'aneth et réserver les tiges. Plonger les feuilles dans l'eau bouillante quelques secondes. Transférer immédiatement dans un bol d'eau glacée.
3. Faire tremper les feuilles de gélatine dans de l'eau froide.
4. Faire tiédir la crème 15 %.
5. Presser les feuilles d'aneth pour en retirer le maximum d'eau. Les placer dans un bol malaxeur et y ajouter la crème tiède. Réduire le tout en une crème lisse. Passer au chinois.
6. Presser les feuilles de gélatine, les mettre dans une petite casserole. Prélever le quart de la crème d'aneth et l'ajouter à la gélatine. Faire chauffer le tout sans porter à ébullition.
7. Ajouter le reste de la crème d'aneth. Mélanger. Laisser refroidir hors du réfrigérateur.
8. Monter la crème au batteur, puis suivre les étapes suivantes décrites à la recette *After 8_Mc² : version originale à la menthe* (page 204)

FINITION

Tremper délicatement les billes dans le mélange de chocolat fondu. Laisser couler l'excédent de chocolat. Déposer les billes la tête en bas sur un papier parchemin. Retourner les brochettes pour servir. Les placer dans un verre haut rempli de sucre.

Pistes harmoniques des liquides
Liberté ! À vous de vous amuser avec les pistes liquides indiquées dans les deux recettes précédentes que sont *After 8_Mc²* (page 204) et *After 9_Mc²* (page 206).

Nous avons atteint l'harmonie parfaite lors de la création de cette recette avec :
Voir les harmonies parfaites suggérées dans les deux précédentes recettes que sont *After 8_Mc²* (page 204) et *After 9_Mc²* (page 206).

LOTTE À LA VAPEUR DE THÉ GYOKURO, SALADE D'AGRUMES ET PISTILS DE SAFRAN

INGRÉDIENTS

Pour le bouillon

2 l (8 tasses) d'eau
Les parures de lotte
1 oignon jaune
1 branche de céleri
1 citron jaune
5 g (1 c. à table) de gros sel de mer
1 pincée de safran

1 queue de lotte d'environ 1,4 kilo (3 lb)
Sel
5 ml (1 c. à thé) de thé gyokuro
1 pamplemousse rose
1 citron vert
1 citron jaune
Pistil de safran

Pistes harmoniques des liquides
Il est ici logique de créer une belle envolée harmonique à table en servant une tasse de thé vert japonais gyokuro. Puis, chez les vins, privilégiez les vins rosés, qui, comme je vous l'explique dans la recette de *Poire asiatique cuite au safran…* (page 181), sont jumeaux du safran. Pour aussi chevaucher les deux univers de cette recette, qui sont le safran et le « goût de froid », réservez les jeunes vins blancs secs, non boisés, de sauvignon blanc, de fumé blanc, de verdejo ou de riesling. Enfin, sachez que le profil aromatique de la bière blanche, comme celle de Boréale, abonde aussi dans le même sens harmonique.

Nous avons atteint l'harmonie parfaite lors de la création de cette recette avec :
Bière blanche : Boréale Blanche, Les Brasseurs du Nord, Blainville, Québec
Vin blanc : Nosis 2007 Rueda, Buil & Giné, Espagne

PRÉPARATION

Note : demander au poissonnier de préparer la lotte. Toutefois, il sera important de garder les parures pour réaliser le bouillon.

1. Préparer le bouillon. Dans une grande casserole, placer l'eau et ajouter à froid les parures de lotte ainsi que l'oignon, la branche de céleri, les écorces du citron jaune et le gros sel. Porter à ébullition et faire frémir pendant 10 minutes. Filtrer pour ne récupérer que le bouillon. Ajouter le safran.
2. Sur le plan de travail, déposer une longueur de pellicule plastique, y placer le filet de lotte. Saler et saupoudrer avec la moitié du thé. Former une ballottine et fermer les deux bouts en roulant le boudin obtenu. À l'aide d'une pique à brochette, piquer la pellicule pour que le bouillon pénètre. Répéter l'opération avec le deuxième filet.
3. Porter de nouveau le bouillon à ébullition. Y déposer les ballottines de poisson et éteindre le feu. Le poisson cuira environ 10 à 12 minutes avec la chaleur résiduelle.
4. Prélever les suprêmes des agrumes et les réserver dans leur jus.

FINITION

Sortir les filets de lotte de leur fourreau et les déposer sur une planche à découper. Tailler chacun en deux et les déposer dans une assiette creuse. Émulsionner le bouillon à l'aide d'un pied-mélangeur et en verser une louche sur chaque morceau de poisson. Sortir les suprêmes de leur jus et les mélanger ensemble dans un bol avec quelques pointes de thé et le pistil de safran. Déposer sur les morceaux de lotte et déguster.

Comme l'élaboration singulière du thé vert japonais gyokuro lui procure une grande complexité de composés volatils de la famille des caroténoïdes – à l'image des molécules qui signent la couleur et le profil aromatique du safran –, nous avons mis ce thé unique à l'avant-scène de la composition de cette recette au « goût de froid ». C'est que le gyokuro fait partie aussi des aliments au « goût de froid ». Ce dernier est provoqué par la présence de certaines molécules qui, comme le menthol de la menthe, abaissent la température de la bouche et des papilles lorsque dégustés. Nous sommes donc dans deux zones aromatiques, où safran et « goût de froid » se chevauchent. N'hésitez pas à interchanger certains aliments de cette recette en pigeant dans la liste des aliments complémentaires de ces deux catégories d'aliments détaillées dans le tome I de *Papilles et Molécules*.

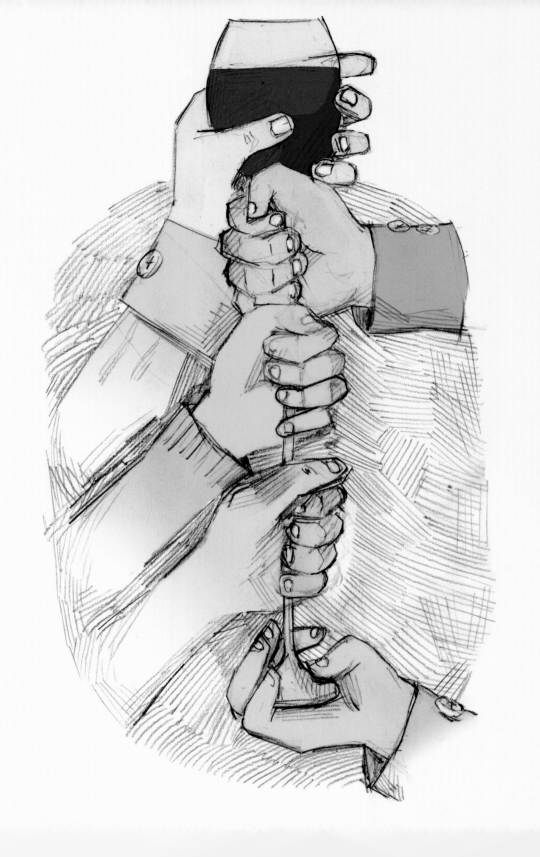

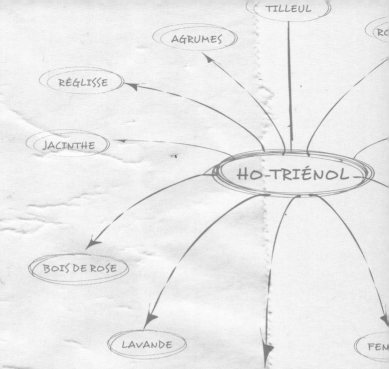

TILLEUL

AGRUMES

RÉGLISSE

JACINTHE

HO-TRIÉNOL

BOIS DE ROSE

LAVANDE

FEN

LAURIER

REPAS HARMONIQUE
À CINQ MAINS

EXPÉRIENCES D'HARMONIES ET SOMMELLERIE MOLÉCULAIRES

Nous avons créé cette recette les 12 et 13 mars 2009, lorsque j'ai présenté aux professionnels et aux amateurs, avec la complicité de Stéphane et de l'œnologue bordelais Pascal Chatonnet, un repas dégustation autour des applications pratiques de mes recherches en harmonies et sommellerie moléculaires. Il s'agissait d'une grande première après plus de trois ans de recherches intensives dans le domaine. Les grandes lignes de cet événement unique sont brossées dans le tome I de *Papilles et Molécules*. Pour le premier service, autour du Coudoulet de Beaucastel « Blanc » 2006, Pascal Chatonnet avait d'abord pointé les composés volatils dominants du vin : lactones (arômes d'abricot / pêche) et ho-triénol (arôme de tilleul / miel). À partir desquels j'ai proposé les ingrédients complémentaires à l'abricot/ pêche et au tilleul, c'est-à-dire le lait de coco, la rose et le gingembre. Stéphane a fait le reste en accouchant d'un délirant et aérien bar poché au lait de coco à la rose, gingembre mariné et pois craquants.

Cette fois-ci, question de disponibilité, nous avons changé le bar pour de la morue. Vous pourriez aussi vous amuser en cuisinant ce plat autrement, avec les autres ingrédients complémentaires aux lactones et au ho-triénol : amande grillée, camomille, crabe des neiges, fenouil, huile d'amandon de pruneau, jasmin, lavande, maïs, miel, pastis, pétoncle, porc, vieux fromage suisse et parmigiano reggiano, zeste d'agrumes… tout en servant le même type de vin. Ce qui permet, par exemple, de remplacer la morue par un filet de porc, tout en conservant la même recette et les vins de même origine.

DOS DE MORUE POCHÉ AU LAIT DE COCO À LA ROSE, GINGEMBRE MARINÉ ET POIS CRAQUANTS

INGRÉDIENTS

500 g (environ 1 lb) de morue fraîche ou 4 filets de dos de 125 g (4,5 oz)
200 g (1/2 lb) de pois mange-tout
Huile d'olive
Fleur de sel

Pour le bouillon de lait de coco à la rose

1 boîte de lait de coco en conserve (400 ml)
180 ml (3/4 tasse) de lait à 2 %
3 g (1/3 tasse) de pétales de rose
1 pincée de sel

Pour le gingembre mariné

125 ml (1/4 tasse) d'eau
25 g (1/8 tasse) de sucre
80 ml (1/3 tasse) de vinaigre de riz
25 g (1/4 tasse) de gingembre frais

PRÉPARATION

1. Préparer le bouillon de lait de coco à la rose. Dans une casserole, amener à ébullition le lait de coco et le lait 2 %. Dès le premier frémissement, mettre les pétales de rose à infuser pendant 15 minutes, hors du feu et à couvert. Passer au chinois. Ajouter le sel et réserver.
2. Dans une grande casserole d'eau bouillante et salée, plonger les pois mange-tout, pendant 1 minute. Transférer immédiatement dans un bol d'eau glacée pour arrêter la cuisson. Placer sur un papier absorbant et réserver au réfrigérateur.
3. Préparer le gingembre mariné. Dans une petite casserole, mettre l'eau, le sucre et le vinaigre de riz. Éplucher le gingembre et le tailler en fines tranches à l'aide d'une mandoline ou d'un couteau. Plonger le gingembre dans le sirop de vinaigre de riz et laisser frémir le tout pendant environ 10 minutes. Verser dans un bol et réserver au réfrigérateur.

FINITION

Amener le bouillon coco/rose à ébullition et y mettre les dos de morue. Réserver hors du feu à couvert environ 10 minutes selon l'épaisseur du morceau de poisson. Retirer le poisson du bouillon et le placer dans des assiettes creuses. Remettre le bouillon à chauffer et, à l'aide d'un pied-mélangeur, émulsionner la surface pour produire une mousse homogène. À l'aide d'une cuillère, mettre la mousse autour du morceau de poisson. Assaisonner les pois mange-tout avec de l'huile d'olive et de la fleur de sel et déposer quelques dés de gingembre confit sur le poisson.

Pistes harmoniques des liquides

Ce plat a été conçu « pour et par » les composés volatils des vins blancs à base de roussanne, comme le sont de nombreux crus du Rhône (crozes-hermitage, saint-joseph, hermitage) et du Languedoc (minervois, coteaux-du-languedoc). Vous pourriez réussir une grande envolée harmonique en servant un blanc sec comme le Château Coupe Rose 2008 Minervois, Françoise Frissant-Le Calvez, France. Notez que les arômes de la famille des lactones sont aussi omniprésents dans les vins blancs élevés en barriques, plus particulièrement les chardonnays, qu'ils soient de Bourgogne, du Languedoc ou du Nouveau Monde.

Nous avons atteint l'harmonie parfaite lors de la création de cette recette avec :

Coudoulet de Beaucastel « Blanc » 2006
Côtes-du-Rhône, Famille Perrin, France

THON ROUGE FROTTÉ AUX BAIES DE GENIÈVRE, OLIVES NOIRES, QUELQUES PETITS POIS, ALGUES NORI TORRÉFIÉES, DÉS DE GRAISSE DE JAMBON FONDUE, HUILE DE PÉPINS DE RAISIN AUX PISTILS DE SAFRAN

Comme je l'explique en détail dans la recette de *Dos de morue…* (page 213), nous avons créé ce plat en mars 2009, pour un repas dégustation. Après deux services de ce repas, au troisième acte, ce fut au tour de la rotundone (composé volatil de l'arôme de poivre du shiraz) et de la ß-ionone (violette) de faire leur entrée dans la danse, ayant été sélectionnés dans le profil aromatique du vin rouge Les Christins 2006 Vacqueyras. Nombreux étaient ici les ingrédients complémentaires possibles, dérivant de ces deux molécules aromatiques – rotundone (poivre) et ß-ionone (violette) –, pour cuisiner et mettre en lumière ce vacqueyras : viandes (longuement braisées) et ingrédients riches en umami (vin gras et animal), algues kombu et/ou nori, bonite séchée, carotte, champignons shiitake et matsutake, genièvre, herbes séchées du Midi, poivre, safran, sauge, thon rouge, vieux jambon séché. Notez que l'algue nori contient, dans sa structure, de la ß-ionone, à l'odeur de violette, qui n'est soluble que dans les matières grasses, d'où la pipette remplie d'huile que les convives devaient s'amuser à vider sur les algues afin de libérer la précieuse saveur de violette!

Pistes harmoniques des liquides

Ce plat a été conçu « pour et par » les composés volatils des vins rouges à base de syrah, tout comme du trio grenache/syrah/mourvèdre (GSM), comme le sont de nombreux crus du Rhône. Mais il est possible d'opter pour le même type de crus provenant d'Australie, en prenant soin de sélectionner les versions les moins riches en alcool et les moins marquées par la barrique.

Nous avons atteint l'harmonie parfaite lors de la création de cette recette avec :
Les Christins 2006 Vacqueyras,
Famille Perrin, France

INGRÉDIENTS

80 g (1/2 tasse) d'olives noires marocaines séchées
80 g (1/2 tasse) de petits pois surgelés
300 g (2/3 lb) de thon rouge (soit 4 morceaux de 75 g ou 1/6 lb chacun)
Sel, poivre
30 ml (2 c. à soupe) d'huile d'olive
30 ml (2 c. à soupe) d'huile de canola
2 feuilles d'algues nori
1 échalote française
5 g (1 1/2 c. à soupe) de baies de genièvre
Fleur de sel

Pour l'huile de safran

30 ml (2 c. à soupe) d'huile de pépins de raisin
2 tranches de prosciutto
1 pincée de safran

PRÉPARATION

1. Dénoyauter les olives et les placer sur une plaque à pâtisserie dans un four préchauffé à 107°C (225°F) pendant environ 1 heure.

2. Préparer l'huile de safran. Dans une casserole, placer l'huile de pépins de raisin et le prosciutto taillé en dés. Faire chauffer doucement et retirer du feu. Ajouter le safran, couvrir et réserver.

3. Blanchir les petits pois dans une casserole d'eau salée. Transférer immédiatement dans un bol d'eau glacée pour arrêter la cuisson.

4. Placer les morceaux de thon sur une assiette froide et les assaisonner. Y verser l'huile d'olive et marquer dans une poêle très chaude. Il est important que l'intérieur du poisson reste cru. Réserver au réfrigérateur.

5. Filtrer l'huile de safran et en conserver la garniture.

6. Sortir les olives du four et les placer dans le bol d'un malaxeur. Ajouter l'huile de canola et réduire le tout en purée. Filtrer et réserver.

7. Dahs une poêle à sec, faire griller les feuilles d'algues taillées en julienne fine. Une fois qu'elles sont torréfiées, réserver.

8. Dans une poêle, faire revenir, sans coloration, l'échalote ciselée. Ajouter la garniture de l'huile de safran, les petits pois et les baies de genièvre concassées. Faire chauffer.

FINITION

Placer dans le fond des assiettes de service un trait de compote d'olives noires et une cuillerée de mélange de petits pois. Y déposer le thon préalablement passé au four chaud quelques secondes pour lui redonner un coup de chaleur. Ajouter un cordon d'huile de safran et finir le plat avec de la julienne d'algues nori et de la fleur de sel.

INGRÉDIENTS

Pour la réduction orange/miel

125 ml (1/2 tasse) de jus d'orange

80 ml (1/3 de tasse) de miel à la menthe

Pour le bavarois mascarpone

10 g (5 feuilles de 2 g) de gélatine

215 g (1 tasse) de crème 15 %

135 g (4,5 oz) de réduction miel/orange

3 jaunes d'œufs

300 g (2/3 lb) de mascarpone

Pour le *crumble* au géranium

28 g (1 oz) de beurre

30 g (4 c. à thé) de sucre blanc

2 g (1/2 c. à thé) de sel fin

30 g (1/4 tasse) de farine

5 ml (1 c. à thé) d'eau de géranium

2,5 ml (1/2 c. à thé) de citronnelle rapée

Pour l'air de lavande

500 ml (2 tasses) d'eau

4 g (1/8 tasse) de lavande

5 ml (1 c. à thé) de lécithine de soya

Pastilles à l'eucalyptus (Fisherman's Friend) en quantité suffisante

BAVAROIS DE MASCARPONE SUCRÉ AU MIEL D'ORANGE, AROMATISÉ EN TROIS VERSIONS : GÉRANIUM / LAVANDE; CITRONNELLE / MENTHE; EUCALYPTUS

Question de terminer ce « Repas harmonique à cinq mains » avec un septième service en queue de paon, j'ai incité Stéphane à recréer de le profil d'un muscat, plus précisément celui du Muscat de Beaume-de-Venise 2006 de la famille Perrin, sous forme de dessert. À partir des composés volatils dominants dans le muscat, le géraniol (odeurs de géranium/rose/eucalyptus), le linalol (odeur de lavande/agrumes) et le ho-triénol (odeur de miel), nous avons accouché de ce bavarois de mascarpone quasi parfait et délirant de justesse, où le miel d'orange, le géranium, la lavande, la citronnelle, la menthe et l'eucalyptus viennent tour à tour signer l'identité aromatique des muscats du Midi. Un dessert ludique, pour s'amuser des différentes strates de saveurs juxtaposées, émanant toutes des ingrédients complémentaires aux molécules originelles de cette création au grand pouvoir harmonique. La rencontre harmonique de ce muscat et de l'air de lavande restera longtemps marquée dans notre mémoire olfactive…

PRÉPARATION

1. Préparer la réduction orange/miel. Dans une casserole, faire réduire le jus d'orange et le miel jusqu'à ce que le mélange ait un poids final de 135 g (4,5 oz).
2. Préparer le bavarois. Mettre les feuilles de gélatine à tremper dans un bol d'eau froide. Ajouter la crème à la réduction orange/miel chaude et porter à ébullition. Mettre les jaunes d'œufs et cuire jusqu'aux premiers frémissements (comme une crème anglaise). Ajouter les feuilles de gélatine, mélanger et passer au chinois. Réserver. Lorsque le mélange sera redescendu à la température de 35°C (95°F), ajouter le mascarpone et fouetter pour obtenir un mélange onctueux et lisse Couler dans un moule carré et placer au réfrigérateur.
3. Préparer le *crumble*. Dans un bol, mélanger tous les ingrédients à la spatule et abaisser entre deux feuilles de papier parchemin. Placer dans un four préchauffé à 163°C (325°F) pendant 10 minutes. Sortir du four et concasser en morceaux. Cuire encore 10 minutes et laisser refroidir.
4. Préparer l'air de lavande (page 63).

FINITION

Tailler et déposer des rectangles de bavarois sur les assiettes de service. Y disposer quelques morceaux de *crumble*. Émulsionner l'air de lavande et y déposer une cuillerée de la mousse de surface. Râper avec parcimonie un bonbon à l'eucalyptus sur le dessus.

Pistes harmoniques des liquides
Ne cherchez plus et servez sur ce plat votre vin doux naturel de muscat favori! Ce dessert est l'écho du muscat, pour ne pas dire le double, le jumeau, la réplique, l'alter ego…

Nous avons atteint l'harmonie parfaite lors de la création de cette recette avec :
Muscat « Perrin » 2006 Muscat de Beaume-de-Venise, Famille Perrin, France

PHÉROMONES

LES MOLÉCULES DE NOS COUPS DE CŒUR !

Les recettes que contient ce dernier chapitre, intitulé non sans humour *Phéro-mones: les molécules de nos coups de coeur!*, portent sur des thèmes qui seront détaillés dans le tome II de *Papilles et Molécules* : comme certaines des idées de recettes émanant de ces thèmes nous ont littéralement interpellés, nous avons décidé de vous les communiquer en avant-première dans ce chapitre de clôture.

Boudin noir et noix de coco… j'imagine que cette union inattendue vous demande un certain effort imaginatif? Cette piste aromatique était pourtant écrite dans le ciel. Premièrement, le porc, le boudin et la noix de coco sont des aliments riches en lactones, une famille de molécules aromatiques jouant, entre autres, dans l'univers de la noix de coco, de la pêche et de l'abricot, que l'on trouve aussi dans les vins ayant séjourné en barriques, tout comme dans ceux de cépage roussanne. Deuxièmement, cette piste harmonique est venue titiller mon palais psychique lors d'un repas que j'ai conçu autour des vins d'Alvaro Palacios, en novembre 2009. Une discussion, avec un convive, docteur en biologie moléculaire, sur l'un des plats marqué par des lactones, m'a appris ce qui suit : «Lors de la Seconde Guerre mondiale, suite à une pénurie de sérum, les blessés étaient mis sous soluté composé… d'eau de coco!»

Cette dernière possède le même électrolyte que le sang humain. De l'humain au porc, mes papilles n'ont fait qu'un et, eurêka!, la piste des lactones du boudin et de la noix de coco était toute tracée. La suite résulte en cette délirante recette que Stéphane et moi avons architecturée à partir de cette idée incongrue. Notez que la sauce vinaigrette boudin et noix de coco est tout aussi bonne froide, avec un brin de noix de coco fraîchement râpé, et qu'elle peut aussi aisément être mélangée avec du chocolat noir, pour ainsi se transformer en un éclectique avant-dessert!

MORCEAU DE FLANC DE PORC POCHÉ, VINAIGRETTE DE BOUDIN À LA NOIX DE COCO, *CRUMBLE* DE BOUDIN NOIR

INGRÉDIENTS

Pour la vinaigrette de boudin noir à la noix de coco

80 ml (1/3 de tasse) d'eau de noix de coco
25 g (1 oz) de noix de pulpe de noix de coco fraîche
50 g (2 oz) de boudin noir
5 ml (1 c. à thé) de sauce soya
Sel et poivre
Muscade

Pour le *crumble* de boudin noir

125 g (1/2 tasse) de graisse de noix de coco
100 g (4 oz) de boudin noir
15 ml (1 c. à soupe) d'huile
Sel et poivre

Pour le morceau de flanc de porcelet

1,5 litre (6 tasses) d'eau
8 g (2 c. à thé) de gros sel
50 g (2 oz) de noix de coco fraîche
450 g (1 lb) de flanc de porcelet
30 ml (2 c. à soupe) de rhum brun
1,5 g (1 c. à thé) de thé au jasmin

PRÉPARATION

1. Préparer la vinaigrette de boudin noir à la noix de coco. Faire frémir l'eau de coco et la pulpe de celle-ci. Dans le bol d'un mixeur, mettre le boudin et la sauce soya. Incorporer le liquide et mixer jusqu'à l'obtention d'une préparation onctueuse. Rectifier l'assaisonnement et passer au chinois. Couvrir d'une pellicule plastique. Réserver au froid.
2. Préparer le *crumble* de boudin noir. Mettre la graisse à chauffer dans une poêle à fond épais. Retirer la peau du boudin et la poser dans l'huile chaude. À l'aide d'une fourchette, égrainer le boudin, pour obtenir des morceaux de la taille d'une arachide. Laisser frire doucement les morceaux obtenus pendant environ 5 minutes. Réserver sur un papier absorbant. Saler et poivrer.
3. Préparer le flanc de porcelet. Dans une casserole à fond épais, mettre l'eau, le gros sel et la noix de coco. Porter à ébullition. Y plonger le flanc de porcelet. Réduire le feu et cuire pendant environ 1 heure 30 minutes à couvert. Une fois la viande cuite au goût, ajouter le rhum et le thé au jasmin. Couvrir et faire frémir pendant 5 minutes. Retirer du feu et laisser la viande refroidir dans le liquide.

Pistes harmoniques des liquides

Pour atteindre la zone de confort harmonique avec les vins, étant donné que la viande de porc, le boudin noir et la noix de coco sont des aliments riches en lactones, il faut privilégier les vins ayant séjourné en barriques, qu'ils soient rouges ou blancs, idéalement élevés sur lies avec bâtonnages – ce qui apporte plus de lactones et plus de saveurs lactées –, tout comme les vins blancs dominés par le cépage roussanne, lui aussi apte à engendrer des arômes de noix de coco, d'abricot et de pêche. Alors, optez pour des crus rouges de régions et ou de pays chauds, ayant passé par la barrique, et dont les tanins sont assez mûrs et enveloppés, comme chez les crus à base de grenache/garnacha, ainsi que de merlot et de zinfandel. En blanc, faites-vous plaisir en passant en carafe, afin de les servir à température élevé, à plus ou moins 14-15°C, des blancs du Rhône, du Languedoc et du Roussillon.

Nous avons atteint l'harmonie parfaite lors de la création de cette recette avec :
Vin rouge : Les Terrasses 2004 Priorat, Álvaro Palacios, Espagne
Vins blancs : Les Fiefs d'Aupenac 2008 Saint-Chinian «Roquebrun», France
et
Les Cèdres 1996 Châteauneuf-du-Pape, Paul Jaboulet Aîné, France

ASPERGES VERTES RÔTIES, ENROBÉES DE CHOCOLAT NOIR INFUSÉ AU THÉ FUMÉ ZHENG SHAN XIAO ZHONG, FLEUR DE SEL AU CAFÉ

Pistes harmoniques des liquides

Il va de soi que l'accord ici peut logiquement, et assurément, être réalisé avec le thé noir fumé Zheng Shan Xiao Zhong (www.camellia-sinensis.com) qui a servi à l'élaboration de cette composition. Un plus commun, mais pénétrant Lapsang Souchong serait aussi bienvenu, tant dans la recette que dans votre tasse. Un bon café noir serré entre aussi en symbiose avec ces asperges torréfiées, fumées et cacaotées. Chez les vins, un xérès sec de type amontillado ou oloroso, riche en *methoxy* pyrazines, donne écho avec brio à ce plat. Bien sûr, tous les vins rouges à base de cabernet sauvignon, de cabernet franc, de merlot et/ou de malbec, provenant du Nouveau Monde et étant élevés en barriques de chêne neuf flirteront dans la zone de confort harmonique avec le triplé asperges rôtie/chocolat noir/thé noir fumé. Enfin, un scotch écossais, fortement marqué par l'élevage en barriques de xérès, comme le sont ceux de Macallan, fera frissonner vos papilles et vos neurones !

Nous avons atteint l'harmonie parfaite lors de la création de cette recette avec :

Cabernet Felino 2007 Mendoza, Viña Cobos, Argentine

INGRÉDIENTS

200 g (1 tablette) de chocolat noir à dessert Van Houten
1,5 g (1 c. à thé) de thé fumé Zheng Shan Xiao Zhong
20 ml (1 c. à soupe, plus 1 c. à thé) d'huile d'olive
1 botte d'asperges vertes moyennes
Sel fin
1,5 g (1 c. à thé) de café moulu
Fleur de sel

PRÉPARATION

1. Faire fondre doucement le chocolat concassé dans un bain-marie.
2. Rincer le thé fumé à l'eau bouillante et le mettre à frémir dans une casserole avec 1 c. à soupe d'huile d'olive. Laisser infuser.
3. Tailler les asperges à 18 cm (7 po) de la pointe. Éplucher le dernier 2 cm (1 po).
4. Dans une grande poêle, mettre 1 c. à thé d'huile d'olive et faire chauffer à feu vif. Mettre les asperges dans la poêle et les faire colorer foncées (les asperges doivent être très rôties/torréfiées). Les saler légèrement et les déposer sur un papier absorbant puis réserver au réfrigérateur immédiatement pour arrêter la cuisson.
5. Passer les feuilles de thé fumé pour récupérer l'huile et l'inclure au chocolat fondu.
6. Une fois les asperges froides, les tremper tête première dans le chocolat jusqu'aux derniers 4 cm (2 po) pour faciliter la prise lors de la dégustation. Saupoudrer d'un peu de fleur de sel et replacer au réfrigérateur jusqu'à consommation.

Nous avons classé cette éclectique recette dans le chapitre *Phéromones – Les molécules de nos coups de cœur!*, étant donné la grande révélation que cette inspiration nous a offerte. L'idée de marier les asperges vertes au chocolat noir m'est venue par l'étude des molécules aromatiques de la grande famille des pyrazines – sujet qui fera l'objet d'un chapitre complet dans le tome II de *Papilles et Molécules*. Les pyrazines sont des composés volatils très complexes et variés.

Les methoxy pyrazines, à l'odeur de poivron vert/asperge verte/pois vert, en plus d'être présentes dans ces légumes, sont généralement contenues dans les vins de cabernet sauvignon, de cabernet franc, de merlot et de malbec. Quant à elles, les *dimethyl* pyrazines se développent, entre autres, lors de la cuisson au four des asperges et sont aussi contenues dans le chocolat noir, dans le café et dans les vins de ces trois cépages, mais surtout lorsqu'ils proviennent de régions chaudes et qu'ils sont élevés en barriques de chêne neuf. Enfin, il existe aussi des *filbert* pyrazines, à l'odeur poussiéreuse de noix, ainsi que des *halzelnut* pyrazines, à l'arôme de noisette grillée, toutes deux contenues dans l'asperge et le chocolat.

Multiples idées de recettes sont nées de cette compréhension des pyrazines. Sans cette connaissance scientifique de l'asperge, nous n'aurions jamais emprunté cette piste de création, ni marié les asperges vertes avec des vins rouges de malbec ou de cabernet sauvignon! D'ailleurs, osez servir les asperges vertes simplement rôties à l'huile d'olive, en accompagnement d'une viande rouge et d'un verre de vin rouge des cépages mentionnés. Vous comprendrez que l'asperge est loin d'être un ennemi du vin comme trop de gens le pensent... Enfin, notez que les *methoxy* pyrazines contenues dans l'asperge, dans le cacao, l'huile de krill, le café et le xérès sont utilisées dans l'industrie alimentaire comme exhausteur de goût. Ce qui explique l'explosion de saveurs que crée dans cette recette la rencontre asperge rôtie/chocolat noir/thé noir fumé, tout comme dans la recette *Émulsion d'asperges vertes aux crevettes_Mc²* (page 225).

« ÉMULSION D'ASPERGES VERTES AUX CREVETTES_Mc^2 »

Lors de la création de notre recette de *Blanc de volaille cuit au babeurre,* «Émulsion d'asperges vertes aux crevettes_Mc^2», *feuilles de choux de Bruxelles, vinaigrette acide à la chicorée* (page 176), nous avons été tellement stupéfaits de constater l'effet «exhausteur» de l'émulsion que nous avons décidé de la sortir de son contexte pour vous donner d'autres pistes de recettes. Mes recherches sur les methoxy pyrazines contenues dans l'asperge, le café, la crevette, la chicorée et le xérès fino m'avaient confirmé, entre autres, que ces ingrédients étaient utilisés dans l'industrie alimentaire afin d'en extraire les methoxy pyrazines, comme exhausteurs de goût. De là l'idée de les rassembler dans une recette dont le gène de saveur serait plus grand que la somme de ses parties. Et le résultat est effectivement plus grand que nature! Enfin, nous vous redonnons ici la recette de *Vinaigrette acide à la chicorée*, donc à saveur de café. Ce dernier, tout aussi riche en methoxy pyrazines, est aussi un exhausteur de goût, comme l'asperge et la crevette. Cette vinaigrette apportera de la fraîcheur à certaines utilisations possibles, comme trempette avec branches de céleri blanchies, en guacomole avec tacos de maïs, en canapés avec une émulsion surmontée d'une crevette poêlée, en sauce pour brochettes de poulet ou en sauce pour langoustines ou homard.

INGRÉDIENTS
Pour l'émulsion d'asperges aux crevettes
125 ml (1/2 tasse) d'huile d'olive
4 grosses asperges vertes (ou 8 petites)
10 crevettes crues (41/50) décortiquées

Pour la vinaigrette acide à la chicorée
60 ml (1/4 tasse) de babeurre
2,5 ml (1/2 c. à thé) de sel fin
2,5 ml (1/2 c. à thé) de chicorée en poudre
10 ml (2 c. à thé) d'huile d'olive

Cette entrée peut Très bien accompagnée des thé guricha : thé vert ainsi que des chips de maïs

PRÉPARATION
1. Préparer l'émulsion d'asperges aux crevettes. Dans une petite casserole, mettre l'huile d'olive à chauffer et ajouter les asperges vertes crues lavées et taillées en petits morceaux. Cuire doucement pendant 3 minutes. Ajouter les crevettes crues hachées. Cuire encore 3 minutes et laisser infuser 5 minutes. Verser le tout dans un bol du malaxeur et réduire en purée. Passer dans un tamis fin et réserver au réfrigérateur.
2. Préparer la vinaigrette à la chicorée. Dans un bol, verser tous les ingrédients et fouetter pour que le mélange soit homogène et stable.

• pas trop fine

Pistes harmoniques des liquides
Voir les harmonies suggérées à la recette de *Blanc de volaille cuit au babeurre,* «Émulsion d'asperges vertes aux crevettes_Mc^2», *feuilles de choux de Bruxelles, vinaigrette acide à la chicorée* (page 176).

FIGUES CONFITES AU THÉ PU-ERH, CHANTILLY DE FROMAGE SAINT NECTAIRE

Pistes harmoniques des liquides

Les arômes de type « terre humide » se trouvent dans de nombreux vins, plus particulièrement dans les vins rouges de la Loire à base de cabernet franc. Certains crus de Bougueuil, de Saumur-Champigny et de Chinon sont à privilégier. D'ailleurs, l'accord est vibrant avec le chinon avec lequel nous avons atteint l'harmonie parfaite, relançant le profil terre humide et passant littéralement par-dessus le sucré des figues. Magique !

En matière de vin blanc, la palme revient à l'immuable vin jaune du Jura, suivi de près par la manzanilla passada, un xérès de type fino, mais plus longuement vieilli, donc plus oxydatif. On trouve aussi ce profil « terre humide » dans d'autres boissons, comme la cachaça brésilienne, qui est une eau-de-vie blanche à base de canne à sucre, ainsi que le scotch single malt. Enfin, il faut aussi compter sur de belles envolées harmoniques avec les thés vieillis Pu-Erh et les thés cuits Wulong, ainsi que les thés cuits ou fumés, comme le Zheng Shan Ziao Zhong et le Lapsang Souchong.

Nous avons atteint l'harmonie parfaite lors de la création de cette recette avec :

Vieilles Vignes 1998 Chinon, Domaine Philippe Alliet, France
et Thé Wulong vieilli Pinglin Bao Zhong 1983 Taiwan (www.camellia-sinensis.com)

Les subtils arômes de terre humide que dégage la peau d'une figue fraîche lorsqu'on la mange nous ont inspiré un plat magnifiant ce goût de terroir unique. Cette saveur presque moisie est due à la géosmine, une molécule clé d'origine microbienne, dans le goût de terre humide de la betterave rouge, tout comme de certains vins rouges nés de vendanges altérées par la pourriture – non souhaitable dans le cas du vin… On trouve aussi ce profil « terre humide » dans d'autres aliments et boissons, comme les champignons, la pomme de terre, certains fromages, tels le Saint Nectaire et le reblochon, sans oublier les thés vieillis Pu-erh et Wulong, ainsi que les thés cuits ou fumés, comme le Zheng Shan Ziao Zhong et le Lapsang Souchong. Tous des aliments et des boissons à utiliser ensemble pour créer des recettes à votre façon.

INGRÉDIENTS

750 ml (3 tasses) d'eau
250 g (1 tasse) de sucre blanc
8 figues fraîches
1,5 g (1 c. à thé) de thé Pu-erh
100 g (3,5 oz) de Saint Nectaire
750 ml (3 tasses) de crème 35 %
Sel, poivre blanc moulus

PRÉPARATION

1. Dans une casserole, mettre l'eau et le sucre puis porter à ébullition.
2. Laver les figues à l'eau froide, puis les placer dans le sirop. Réduire le feu et laisser frémir pendant environ 1 heure.
3. Hors du feu, ajouter le thé placé dans un coton à fromage, puis couvrir.
4. Gratter la croûte du Saint Nectaire à l'aide d'un couteau et réserver la poudre qui en résulte.
5. Faire bouillir la crème dans une casserole puis ajouter le fromage hors du feu. Remuer à l'aide d'un fouet. Rectifier l'assaisonnement. Passer le mélange dans un tamis très fin. Placer la crème de fromage dans un siphon à Chantilly. Fermer et mettre au réfrigérateur, sans la cartouche de gaz.

Note : le siphon et ses cartouches sont disponibles dans les magasins de matériel de cuisine, ou sur le site www.creamright.com.

FINITION

Charger le siphon avec une cartouche de gaz. Remuer vigoureusement. Retirer les figues du sirop. Mettre 2 figues par personne sur une assiette. Extraire la Chantilly de Saint Nectaire et la mettre dans un contenant. À l'aide d'une cuillère à soupe, faire une quenelle par convive et déposer à côté des figues. Saupoudrer les quenelles d'une petite quantité de fleur de sel, pour le croquant, et parsemer de poussière de croûte de Saint Nectaire.

CRABE DES NEIGES, KETCHUP AUX POIS VERTS, ÉPINARDS FANÉS À L'HUILE D'OLIVE, CAVIAR DE MULET ET MOUSSE DE BIÈRE NOIRE

Pistes harmoniques des liquides

Comme cette recette est marquée par une grande présence de volume, de texture et de saveurs en bouche, il lui faut des vins blancs ayant à la fois du volume, du gras et des saveurs intenses et persistantes. Aussi, ils doivent idéalement être élevés en barriques de chêne, afin que les composés volatils des vins et de certains de ces ingrédients puissent entrer en attraction aromatique. Le chardonnay est à prescrire en premier lieu, qu'il soit de Bourgogne ou du Nouveau Monde. Mais on peut aisément atteindre la zone de confort harmonique avec des vins du Midi à base de grenache blanc, de roussanne et/ou de marsanne, ainsi qu'avec certains crus de Bordeaux dominés par le sémillon et ayant quelques années de bouteilles. N'oublions pas le jurançon sec ou le pacherenc-du-vic-bilh sec – ces deux derniers doivent impérativement avoir séjourné en barriques et avoir quatre ou cinq ans d'âge –, ainsi que le fiano d'Italie et le douro blanc du Portugal. Enfin, comme vous vous en doutez, une bière noire est tout indiquée aussi.

Nous avons atteint l'harmonie parfaite lors de la création de cette recette avec :

Vin blanc : Château Montus 2001 Pacherenc-du-Vic-Bilh Sec, Alain Brumont, France
Bière noire : Impérial Stout, Brasseurs Illimités, Saint-Eustache, Québec

INGRÉDIENTS

60 ml (1/3 tasse) de vinaigre de riz
60 g (1/3 tasse) de cassonade
180 ml (3/4 tasse) d'eau
125 ml (1/2 tasse) de bouillon d'algue kombu
340 ml (1 1/3 tasse) de pois verts surgelés
1 pointe de gingembre frais râpé
Sel et poivre
15 ml (1 c. à soupe) d'huile d'olive
2 sections de crabe des neiges frais
Mini-épinards en quantité suffisante
55 g (2 oz) de caviar de mulet (marque Mujjol Shikran)
1 bière noire

PRÉPARATION

1. Mettre dans une casserole à fond épais le vinaigre de riz et la cassonade. Faire bouillir.
2. Ajouter l'eau et le bouillon d'algues kombu. Faire frémir et ajouter 1 tasse de pois verts surgelés. Cuire pendant 5 minutes, pour faire réduire le liquide de moitié.
3. Mettre le tout dans le bol du mixeur en ajoutant les pois restants. Mixer jusqu'à l'obtention d'un mélange lisse et homogène.
4. Ajouter le gingembre puis rectifier l'assaisonnement.
5. Passer dans une étamine fine, et réserver.

FINITION

Dans une poêle chaude, mettre l'huile d'olive à tiédir et quelques feuilles de mini-épinards à faner. Dans le fond d'une assiette de service, mettre 1 c. à soupe de ketchup aux pois verts froid, placer à la surface la moitié d'une section de crabe des neiges décortiqué, ajouter les épinards fanés et quelques petits monticules épars de caviar de mulet. Verser la bière noire dans un verre et récupérer une cuillerée de mousse pour mettre sur le plat.

Ce plat, qui ennoblit le petit pois, a été pensé et construit sur une seule et unique piste : celle de l'umami. Cette dernière est en fait le nom que les Japonais ont donné à la cinquième saveur – qui vient compléter le très simpliste tableau des quatre saveurs : acide, amère, salée, sucrée. Umami traduit des aliments dont certaines molécules leur procurent une plus grande présence de volume, de texture et de saveurs en bouche. Les aliments les plus riches en certains acides aminés sont les aliments umami. Par un effet de synergie, le glutamate, l'inosinate disodique et le guanylate disodique naturellement contenus dans certains aliments sont les trois composés qui participent à la formation de l'umami.

On parle ici, entre autres, des algues japonaises kombu et nori, de certains fromages âgés, des jambons séchés et vieillis, du thon rouge, de la tomate de longue cuisson, des pétoncles, du crabe et de certains champignons. Suivent de près, avec des taux d'umami juste un brin inférieurs, le ketchup, la sauce soya, le caviar, le miso, les saucissons secs, les anchois, le roquefort, les oignons, les épinards cuits et les bières brunes et noires. Donc, pour établir cette recette « umami », où s'entremêlent subtilement l'acidité, le sucré et l'iodé, nous avons pigé, comme vous pourriez aisément le faire à la maison (!), dans cette liste d'ingrédients. Enfin, certains de ces aliments « umami » (pois verts, épinards, bière noire) sont aussi riches en saponine, une molécule au pouvoir émulsionnant très stable, ce qui permet de les faire mousser à volonté et d'envisager de les rassembler en cuisine.

Pistes harmoniques des liquides

Voici LA recette qui secouera assurément les idées reçues sur l'harmonie des vins et des mets… Comment imaginer un instant réussir l'accord à perfection avec un plat qui unit un bouillon d'algues japonaises, des pois verts et des anchois frits trempés dans le vinaigre de xérès? Eh bien, c'est chose faite! La synergie des différents aliments, tous riches en saveur umami, résulte en un ensemble pénétrant, qui, si le vin choisi est tout aussi riche en umami, permet d'atteindre le nirvana harmonique. Pour réussir l'osmose ici, il faut soit un vin blanc élevé longuement en barriques et sur lies – par la présence d'acides aminés dans les lies, elles engendrent des saveurs umami –, à la manière d'un chardonnay, soit un vin rouge boisé, aux tanins chauds, et riche en alcool, comme le sont certains zinfandels américains et assemblages grenache/syrah/mourvèdre australiens.

Vous vous dites que nous sommes tombés sur la tête d'unir un rouge avec des anchois? Sachez que vous pouvez même cuisiner uniquement nos *Filets d'anchois croustillants au vinaigre de xérès_Mc²* et tenter l'union avec les types de rouges suggérés. Vous serez aussi déstabilisés que nous l'avons été lors de la création de cette recette. Ce plat permet vraiment d'enlever toute subjectivité en matière d'accord vins et mets. Comme je le dis depuis des lustres, lorsque l'on cuisine pour le vin, il est possible de réaliser à tout coup des harmonies parfaites, justes et précises.

Nous avons atteint l'harmonie parfaite lors de la création de cette recette avec :
Zinfandel Easton 2008 Amador County, Bill Easton, États-Unis et Chardonnay Scotchmans Hill 2006 Geelong, Scotchmans Hill, Australie

MERINGUE DE POIS VERTS, TOMATES CONFITES, « FILETS D'ANCHOIS CROUSTILLANTS AU VINAIGRE DE XÉRÈS_Mc² » : AIR DE SHIITAKÉS DASHI

Voici l'une de nos créations autour du thème de l'umami (voir détails sur l'umami dans la recette *Crabe des neiges…*, page 229). Tous les ingrédients de notre composition harmonique sont marqués par la présence d'acides aminés, qui, par un effet de synergie, résulte en un ensemble de saveurs supérieur à la somme de ses parties. La grande surprise est nos délirants « Filets d'anchois croustillants au vinaigre de xérès_Mc² », recette dont Stéphane a hérité de sa grand-mère, qui lui cuisinait ces doigts d'anchois pendant sa tendre enfance, à Perpignan – difficile d'être plus molécules de l'amour que ça! La saveur de cette préparation simple d'anchois est unique et vous promet toute une surprise lorsque dégustée avec un vin!

INGRÉDIENTS
Pour le dashi (bouillon japonais)
1 morceau d'algue kombu (environ 10 cm ou 4 po)
1,5 litre (6 tasses) d'eau
25 g (0,88 oz) de flocons de bonite séchée (katsuobushi)
3 g (environ 3 tranches) de shiitakés séchés
2,5 g (1 c. à thé) de lécithine de soya en poudre

Pour les filets d'anchois
55 g (1/2 tasse) de farine tout usage
80 ml (1/3 tasse) de vinaigre de xérès
10 ml (1 c. à thé, plus 1 c. à thé) d'huile d'olive
8 filets d'anchois à l'huile

Pour la meringue de pois verts
250 g (2 tasses) de petits pois surgelés
4 g (1 1/2 c. à thé) d'agar-agar
8 g (4 feuilles de 2 g) de gélatine
60 g (environ 2) blancs d'œufs
12 g (1 c. à soupe) de sucre blanc

Tomates italiennes confites en quantité suffisante

PRÉPARATION

1. Préparer le dashi. Essuyer l'algue. Tailler en petits morceaux. Dans une casserole d'eau bouillante, plonger l'algue. Faire frémir pendant 10 minutes. Ajouter les flocons de bonite et les tranches de champignons séchés. Faire frémir encore 10 minutes et laisser infuser 15 minutes hors du feu et à couvert. Passer au chinois et ajouter la lécithine de soya. Réserver.

2. Préparer les filets d'anchois. Dans une grande assiette, mettre la farine; dans une autre, le vinaigre de xérès auquel aura été ajoutée 1 c. à thé d'huile d'olive. Placer les filets d'anchois sur un papier absorbant pour ôter le surplus d'huile puis les rouler dans la farine en leur donnant la forme d'un bâton. Ensuite les passer dans le vinaigre de xérès. Répéter l'opération avec chaque filet. Faire chauffer une poêle avec l'autre cuillère à thé d'huile d'olive et faire revenir les doigts d'anchois à feu moyen jusqu'à coloration.

3. Préparer la meringue de pois verts. Dans une casserole d'eau bouillante, cuire les petits pois. Réserver l'eau de cuisson. Transférer immédiatement dans un bol d'eau glacée. Égoutter. Dans un bol, mixer les petits pois. Passer la purée obtenue au tamis. Prélever une petite quantité (15 ml ou 1 c. à soupe) d'eau de cuisson des petits pois et la mettre dans une petite casserole. Ajouter la purée de pois et mettre à bouillir avec l'agar-agar pendant 3 minutes. Hors du feu, mettre les feuilles de gélatine préalablement trempées dans de l'eau froide. Mélanger pour faire fondre la gélatine et verser dans un bol. Monter les blancs d'œufs au batteur. Une fois qu'ils sont à moitié montés, ajouter le sucre pour les serrer. Une fois la purée de pois tiédie, ajouter les œufs en neige et plier à l'aide d'une spatule de plastique. Mouler dans un plat chemisé de pellicule plastique. Lisser et placer au réfrigérateur.

FINITION

Tailler des rectangles de meringue de petits pois. Mettre une fine brunoise de tomates confites sur le dessus. Émulsionner le dashi avec un pied-mélangeur. Récupérer uniquement la mousse de surface et la placer sur la mousse de petits pois. Servir avec les filets d'anchois

L'une de nos trois recettes *umami_Mc²* dont l'inspiration a été donnée par la saveur umami (voir détails sur l'umami à la recette *Crabe des neiges*, page 229). Nous y avons rassemblé que des ingrédients possédant les taux les plus élevés d'acides aminés, donc d'umami, qui, par un effet de synergie, résultent en une recette dont le gène, ou si vous préférez la saveur clé, est supérieure à la somme de ses parties. Difficile d'avoir un plat umami avec autant de présence et de persistance de bouche. Pour y parvenir, il faut impérativement que les pétoncles soient fortement saisis, afin que les acides aminés et les sucres de ce mollusque caramélisent et brunissent (réaction de Maillard). D'ailleurs, n'hésitez pas à servir, en guise de mise en bouche de ce plat, et ce, dans une petite cuillère, l'excédent de cette mi-croûte/mi-jus de pétoncles caramélisés au fond de la poêle, surmonté d'un copeau de vieux parmesan. Vous pourrez ainsi saisir en une seule bouchée toute la plénitude de la saveur umami.

PÉTONCLES RÔTIS FORTEMENT, SHIITAKÉS POÊLÉS, COPEAUX DE PARMIGIANO REGGIANO ET ÉCUME DE BOUILLON DE KOMBU

INGRÉDIENTS

1,5 l (6 tasses) d'eau
10 à 15 cm (4 à 6 po) d'algue kombu
14 g (0,5 oz) de shiitakés séchés/tranchés
5 g (1 c. à thé) de lécithine de soya
8 gros pétoncles
Huile d'olive
56 g (2 oz) de parmigiano reggiano

PRÉPARATION

1. Dans une casserole, mettre l'eau, l'algue préalablement essuyée et la moitié des champignons. Porter à ébullition et cuire pendant 10 à 15 minutes. Couvrir et laisser infuser jusqu'à complet refroidissement.

2. Réhydrater le reste des champignons dans un bol d'eau tiède pendant environ 15 minutes.

3. Passer le bouillon, et ajouter la lécithine de soya.

4. Retirer le muscle des pétoncles et les sécher en les déposant sur une assiette recouverte d'un papier absorbant.

5. Faire chauffer fortement une poêle antiadhésive et y passer un morceau de papier absorbant imbibé d'huile d'olive. Y déposer les pétoncles et les faire caraméliser jusqu'à ce qu'ils soient très colorés. Répéter l'opération sur l'autre face en prenant garde de ne pas trop les cuire. Saler et réserver sur une assiette chaude.

6. Faire revenir les tranches de shiitakes dans la même poêle et verser 1 c. à soupe de bouillon pour déglacer, et ainsi bénéficier de tous les sucs qui viendront aromatiser les champignons.

7. Émulsionner le bouillon de kombu à l'aide d'un pied-mélangeur, et récupérer la mousse qui se forme en surface.

FINITION

Répartir les shiitakes sur 4 assiettes de service chaudes. Y poser les pétoncles et enfin la mousse de kombu. Terminer avec de la poudre de shiitakes faite avec une microplane, et quelques copeaux de vieux parmesan sur le dessus de chaque plat.

Pistes harmoniques des liquides

La synergie des différents aliments, tous riches en saveur umami, comme dans nos deux autres recettes *umami_Mc²*, résulte en un ensemble pénétrant, qui, si le vin choisi est tout aussi riche en umami, vous permettra d'atteindre un sommet harmonique. Il faut donc un vin blanc élevé en barriques de chêne, et sur lies longuement – par la présence d'acides aminés dans les lies, elles engendrent des saveurs umami –, à la manière d'un chardonnay du Nouveau Monde, tout comme de généreux blancs du Rhône et du Languedoc, à base de roussanne, de marsanne et/ou de grenache blanc. Il est aussi possible d'atteindre la zone de confort harmonique, sans toutefois parvenir à la crête, en servant un vin rouge boisé, aux tanins chauds, et riche en alcool, comme le sont certains zinfandels américains et assemblages grenache/syrah/mourvèdre australiens.

Nous avons atteint l'harmonie parfaite lors de la création de cette recette avec :

Prieuré Saint Jean de Bébian « blanc »
2004 Coteaux-du-Languedoc,
Le Brun-Lecouty, France
et
Chardonnay Scotchmans Hill 2006 Geelong,
Scotchmans Hill, Australie

INDEX DES SUGGESTIONS D'HARMONIES LIQUIDES

INDEX DES PRINCIPAUX ALIMENTS